Fit for Future

Reihe herausgegeben von
Peter Buchenau
The Right Way GmbH
Waldbrunn, Deutschland

Die Zukunft wird massive Veränderungen im Arbeits- und Privatleben mit sich bringen. Tendenzen gehen sogar dahin, dass die klassische Teilung zwischen Arbeitszeit und Freizeit nicht mehr gelingen wird. Eine neue Zeit – die sogenannte „Lebenszeit" – beginnt. Laut Bundesregierung werden in den nächsten Jahren viele Berufe einen tiefgreifenden Wandel erleben und in ihrer derzeitigen Form nicht mehr existieren. Im Gegenzug wird es neue Berufe geben, von denen wir heute noch nicht wissen, wie diese aussehen oder welche Tätigkeiten diese beinhalten werden. Betriebsökonomen schildern mögliche Szenarien, dass eine stetig steigende Anzahl an Arbeitsplätzen durch Digitalisierung und Robotisierung gefährdet sind. Die Reihe „Fit for future" beschäftigt sich eingehend mit dieser Thematik und bringt zum Ausdruck, wie wichtig es ist, sich diesen neuen Rahmenbedingungen am Markt anzupassen, flexibel zu sein, seine Kompetenzen zu stärken und „Fit for future" zu werden. Der Initiator der Buchreihe Peter Buchenau lädt hierzu namhafte Experten ein, ihren Erfahrungsschatz auf Papier zu bringen und zu schildern, welche Kompetenzen es brauchen wird, um auch künftig erfolgreich am Markt zu agieren. Ein Buch von der Praxis für die Praxis, von Profis für Profis. Leser und Leserinnen erhalten „einen Blick in die Zukunft" und die Möglichkeit, ihre berufliche Entwicklung rechtzeitig mitzugestalten.

Weitere Bände in dieser Reihe: http://www.springer.com/series/16161

Marco Scherbaum

Gesundheit für alle – Revolution der betrieblichen Gesundheitsversorgung

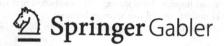
Springer Gabler

Marco Scherbaum
Geschäftsführung
HEALTH FOR ALL® GmbH & Co. KG | Betriebliche
Gesundheitskonzepte | Unternehmensberatung
Würzburg, Deutschland

Fit for Future
ISBN 978-3-658-26728-5   ISBN 978-3-658-26729-2 (eBook)
https://doi.org/10.1007/978-3-658-26729-2

Die Deutsche Nationalbibliothek verzeichnet diese Publikation in der Deutschen
Nationalbibliografie; detaillierte bibliografische Daten sind im Internet über http://
dnb.d-nb.de abrufbar.

Springer Gabler
© Springer Fachmedien Wiesbaden GmbH, ein Teil von Springer Nature 2019

Springer Gabler ist ein Imprint der eingetragenen Gesellschaft Springer Fachmedien
Wiesbaden GmbH und ist ein Teil von Springer Nature.
Die Anschrift der Gesellschaft ist: Abraham-Lincoln-Str. 46, 65189 Wiesbaden,
Germany

Geleitwort

Betriebliches Gesundheitsmanagement ist seit Jahren einer der zentralen Aspekte der aktuellen personalwirtschaftlichen Diskussion und steht neben Themen wie Fachkräftemangel und demografische Entwicklung. Nicht zuletzt seit der Novelle des Arbeitsschutzgesetzes im Jahr 2013 sieht man einen umfassenden Aufgabenkatalog in den Unternehmen:

- Pflichtaufgaben für Arbeitgeber und Arbeitnehmer, in der Beachtung des Arbeitsschutzes und dem Erhalt der körperlichen, mentalen und geistigen Leistungsfähigkeit
- Pflichtaufgaben für Arbeitgeber, die von Arbeitnehmern je nach Umstand und Zweckmäßigkeit angenommen werden können, vor allem im Rahmen des Betrieblichen Eingliederungsmanagements (BEM) nach langwierigen Erkrankungen und Arbeitsunfähigkeiten
- Freiwillige Arbeitsfelder für Arbeitgeber und Arbeitnehmer, im Rahmen der Betrieblichen Gesundheitsförderung (BGF), die je nach vorhandenen Interessen und Ressourcen angeboten und genutzt werden.

Insgesamt zeigt sich eine sehr komplexe Thematik, mit vielen Verschränkungen und Interdependenzen. Großunternehmen können hier tendenziell breiter gefächerte Angebote planen, da sie in der Regel über ein professionalisiertes Personalwesen verfügen und dabei auch auf die Beiträge der Mitarbeitervertretungen eingehen. Kleinere Unternehmen nehmen diese Aufgabe zumeist en passent wahr, neben dem Alltagsgeschäft. Sie suchen eher wenige, dafür sehr gezielte Angebote. Allerdings wird Betriebliches Gesundheitsmanagement bei KMU auch viel eher zur Chefsache, wenn die Unternehmensinhaber sich dieser Thematik persönlich annehmen und mit ihrem Vorbild, mit ihren Interessen und ihrem Engagement als Beispiel voran gehen.

Zahlreiche Lehrbücher bereiten die Thematik auf, mit jeweils sehr individuellen Akzentuierungen, aber zumeist auf Verfahrensweisen und betriebliche Strukturen bezogen. Vor diesem Hintergrund ist der vorliegende Band ein sehr spannender Ansatz. Marco Scherbaum blickt aus der Perspektive des externen Unternehmensberaters auf das Sujet, um typische Problemsituationen zu strukturieren und mit betriebswirtschaftlich durchdachten Lösungsmöglichkeiten zu verbinden. Personalverantwortliche werden insbesondere in den Kosten-Nutzen-Überlegungen hilfreiche Hinweise erhalten, wie man ein attraktives Gesundheitsmanagement im Betrieb so gestalten kann, dass sowohl Arbeitnehmer als auch Arbeitgeber davon profitieren. Von daher sei die Lektüre allen Personaler empfohlen, die hierzu offene Fragen haben und pragmatische Ansätze suchen.

Fakultät Wirtschaftswissenschaften   Steffen Hillebrecht
Hochschule für Angewandte Wissenschaften
Würzburg-Schweinfurt,
Würzburg, Deutschland

Vorwort

„Ohne gesunde und motivierte Mitarbeiter ist alles nichts."
(Marco Scherbaum)

„viel Gesundheit für die Zukunft!" …„ein gesundes neues Jahr!" … Gesundheit wünschen wir Menschen uns standardmäßig gegenseitig – vor allem in der Silvesternacht und zu Geburtstagen. Die Deutschen starten mit vielen gesunden Vorsätzen in das Neujahr. Wir glauben, dass Gesundheit an erster Stelle steht, also das wichtigste Gut sei und somit die Basis für alles andere.

Das Thema Gesundheit ist in aller Munde – oder doch nur eine Floskel?

Beobachtet man unsere Gesellschaft, stehen oftmals andere Themen – wie Geld, Macht, Konsum und Gewinnmaximierung im Fokus. In vielen Veranstaltungen, Vorträgen, Seminaren, Medienberichten und Zieldefinitionen wird ausschließlich über Wertschöpfung gesprochen und geschrieben. Von Gesundheit oftmals keine Rede.

„Gesundheit ist zwar nicht alles – aber ohne Gesundheit ist alles nichts!" (Arthur Schopenhauer)

Was beeinflusst unsere Gesundheit? In der „Ottawa Charta"
von 1986 beschreibt die Weltgesundheitsorganisation
(WHO) grundlegende Voraussetzungen für Gesundheit,
die im gesellschaftlichen Zusammenleben entstehen. Dazu
zählen: Friede, Unterkunft, Bildung, Nahrung, Einkommen, ein stabiles Wirtschaftssystem, soziale Sicherheit und
Gerechtigkeit, nachhaltige Nutzung von Ressourcen, die
Achtung der Menschenrechte und Chancengleichheit. Es
gibt aber auch individuelle Einflussfaktoren auf den Gesundheitszustand eines Menschen. Die Gesundheitsversorgung und die vorherrschenden Arbeitsbedingungen spielen
eine wichtige Rolle.

Die deutsche Gesundheitsversorgung zählt zu einer der
besten der Welt. Dennoch bietet die Gesetzliche Krankenversicherung nur eine Grundversorgung und weist bereits
heute Versorgungslücken auf – mit fatalen Folgen. Die Auswirkungen der Gesundheitsversorgung sind für Arbeitgeber
und Arbeitnehmer spürbar.

Der Arbeitsplatz – ein Ort, an dem sich der Alltag von
Menschen abspielt und Einfluss auf ihre Gesundheit hat.
Laut Umfragen führender Unternehmensberatungen wünscht
sich jeder zweite Deutsche von seinem Arbeitgeber Unterstützung in der persönlichen Gesundheitsförderung. Denn
an ihrem Arbeitsplatz verbringen die Menschen die meiste
Zeit des Tages.

> „In der ersten Hälfte unseres Lebens opfern wir unsere Ge-
> sundheit, um Geld zu erwerben. In der zweiten Hälfte op-
> fern wir unser Geld, um die Gesundheit wieder zu erlan-
> gen." (Voltaire)

Welche soziale Verantwortung übernehmen Arbeitgeber,
wenn es um die Gesundheit ihrer Mitarbeiter geht? In der
Realität kommt es leider allzu oft vor, dass Unternehmen
für die Leistungsfähigkeit der Maschinen besser vorsorgen,

als für die Leistungsfähigkeit ihrer Mitarbeiter. In den meisten Betrieben gibt es mit Selbstverständlichkeit einen Wartungsvertrag zur Absicherung für den Fall des Ausfalls von Produktionsmaschinen. Schnell muss reagiert werden, um die Produktion sicherzustellen. Geht es allerdings um den krankheitsbedingten Ausfall von Mitarbeitern, verlassen sich Arbeitgeber oftmals zu sehr auf die Grundsäule der Krankenversicherung. Oft genannte Begründung: „es sind ja alle krankenversichert. Zusätzlich gibt es im Betrieb den kostenfreien Obstkorb und einmal im Jahr einen Gesundheitstag". Das reicht jedoch schon lange nicht mehr aus.

Es ist zu beobachten, dass ein deutliches Defizit bei Unternehmern besteht in puncto Information und Bewusstsein in Bezug auf den Zusammenhang der einzelnen Puzzleteile der Privaten und Betrieblichen Gesundheitsversorgung.

Sicherlich sind Unternehmer im Alltagsgeschäft viel beschäftigt, mit zahlreichen Themen wie der Digitalisierung und zahlreichen bürokratischen Verordnungen – oder wollen sich einfach nur um ihr Kerngeschäft kümmern. Doch der demografische Wandel, Fluktuation, Fachkräftemangel und der Trend zum Arbeitnehmermarkt verändern die Arbeitswelt in Deutschland und stellt Unternehmen vor große personalpolitische Herausforderungen.

Die Sichtweisen der Vergangenheit greifen nicht mehr. Zeit für neue Wege. Nach der Logik des darwinistischen Wettbewerbs[1] gilt heute: „Wer als Unternehmer nicht mit der Zeit geht – der geht mit der Zeit." Dieser „Weckruf" soll Unternehmer sensibilisieren, dass es wichtig ist, flexibel und aufgeschlossen gegenüber Neuem zu bleiben.

---

[1] Definition: Darwinismus – Theoriensystem zur Erklärung der Artentransformation von Charles Darwin, wobei insbesondere die natürliche Auslese, d. h. das Selektionsprinzip, im Vordergrund steht.

Das Buch GESUNDHEIT FÜR ALLE ist ein Fachbuch als Taschen-Guide für Arbeitgeber und Personalverantwortliche deutscher Betriebe.

Als Autor gebe ich den Lesern anhand vorliegender Fakten Einblick in die Systeme der deutschen Gesundheitsversorgung und weise auf nachweisliche Entwicklungen im Gesundheitswesen hin. Es geht darum aufzuklären, welche Einflüsse die medizinische Versorgung auf die Leistungsfähigkeit und Leistungsbereitschaft der Mitarbeiter hat und welche Auswirkung die Gesundheitsversorgung der Belegschaft auf das Unternehmen hat.

Neue Impulse, Inspirationen und zielgerichtete Lösungen für das Kollektiv vermittelt das Buch mit der Vorstellung innovativer und moderner Gesundheitsleistungen aus der Sozialverantwortung und Fürsorge attraktiver Arbeitgeber. Es lohnt sich – denn Arbeitgeber und Arbeitnehmer profitieren am Ende gleichermaßen.

Das Credo: Gesundheit für alle! Erklären Sie die Gesundheit Ihrer Mitarbeiter zur Chefsache und machen Sie damit Ihr Unternehmen fit für die Zukunft.

Würzburg, Deutschland   Marco Scherbaum

Hinweis

Dieses Buch hat der Autor nach bestem Wissen erstellt und die Inhalte sorgfältig erarbeitet. Gleichwohl kann man Fehler nie ganz ausschließen. Bitte haben Sie deshalb Verständnis dafür, dass der Autor keine Garantie und Haftung für die Aktualität, Richtigkeit und Vollständigkeit übernimmt. Die Aussagen sind allgemeiner Natur und können eine unabhängige und individuelle Beratung im konkreten Einzelfall nicht ersetzen.

„Mitarbeiter/Arbeitnehmer" ist gleichbedeutend für Geschlecht männlich/weiblich/divers.

Inhaltsverzeichnis

3   Betriebliches Gesundheitsmanagement (BGM)   65

4   Betriebliche Krankenversicherung (bKV)   71

Abkürzungsverzeichnis

Über den Autor

Marco Scherbaum ist Unternehmensberater und Spezialist für betriebliche Gesundheitskonzepte. Seine Vision „Gesundheit für alle" hat der Gründer und Geschäftsführer zum Leitsatz seiner Firma HEALTH FOR ALL® gemacht. Sein primäres Ziel: durch innovative Gesundheitskonzepte die Mitarbeitergesundheit in Betrieben bundesweit zu verbessern.

Der Autor verfügt über mehr als 20 Jahre Erfahrung in den Bereichen der privaten und betrieblichen Gesundheitsvorsorge, Führung, Vertrieb und Marketing in Industrieunternehmen sowie Versicherungskonzernen. Aufgrund seiner diversen Führungspositionen kennt er die personalpolitischen Herausforderungen von Unternehmen. Neben sozialem Engagement ist er als ehrenamtlicher Richter am Landgericht tätig.

Mit seiner langjährigen fachlichen Expertise berät und begleitet der Autor Betriebe jeglicher Branche deutschlandweit. Der unabhängige Spezialmakler bietet neue und moderne Wege der Erstattung von Gesundheits- und Krankheitskosten durch Kollektivverträge betrieblicher Krankenversicherung. Zu seinen Kunden zählen innovative klein-, mittelständische und große Unternehmen. Die Schwerpunkte liegen auf Prävention und erstklassige Gesundheitsversorgung zur Erhaltung der Leistungsfähigkeit von Belegschaften.

Als gut vernetzter Unternehmensberater und Spezialist unterhält Marco Scherbaum sehr gute Kontakte zu Wirtschaft, Politik und Akteuren im Gesundheitswesen. Der Experte ist gefragter Keynote-Speaker und Vortragsredner im Rahmen diverser HR-Kongresse, BGM-Fachtagungen, Wirtschaftsforen und Ausschüssen. Er gibt Impulse, die den Themen der Personalpolitik die nötige Aufmerksamkeit schenken. Arbeitgeber und Arbeitnehmer profitieren von Marco Scherbaums Konzept: Nachhaltiges Handeln zum Wohle der Unternehmenszukunft durch wirkungsvolle Maßnahmen betrieblicher Gesundheitsförderung mit Alleinstellungsmerkmal. Genau das zeigt der Autor in seinem Buch.

- Unternehmensberater
- Unabhängiger Spezialmakler
- Experte für Betriebliche Gesundheitskonzepte
- Keynote-Speaker
- Fachbuchautor

1

Ausgangssituation: Arbeitgeber haben es nicht leicht

1.1 Personalpolitische Herausforderungen für Unternehmen und Personalverantwortliche

Im dritten Quartal 2018 wurden in Deutschland insgesamt rund 45,04 Millionen Erwerbstätige mit Arbeitsort in Deutschland registriert (Statista 2019a).

Betriebe, egal ob groß oder klein, haben alle mit zahlreichen personalpolitischen Herausforderungen zu kämpfen. Spricht man heutzutage mit Arbeitgebern und Personalverantwortlichen, hört man trotz guter Auftragslage der Unternehmen wiederkehrend von vielen „Steinen im Weg", die nicht nur den Arbeitsalltag der Arbeitgeber belasten, sondern ernsthafte Gefahren für die Produktivität der Betriebe darstellen.

© Springer Fachmedien Wiesbaden GmbH, ein Teil von
Springer Nature 2019
M. Scherbaum, *Gesundheit für alle – Revolution der betrieblichen
Gesundheitsversorgung*, Fit for Future,
https://doi.org/10.1007/978-3-658-26729-2_1

1.1.1 Teure Ausfallzeiten von Mitarbeitern

„Schon wieder eine Krankmeldung", ein typischer Satz von Personalverantwortlichen.

Tastsächlich sind Fehltage für die Unternehmen eine große Belastung und schädigen die Produktion. Ein hoher Krankenstand verursacht erhebliche Kosten. Bei der Berechnung auf Grundlage der Lohnkosten und des Verlustes an Arbeitsproduktivität ergeben sich 75 Milliarden Euro volkswirtschaftliche Produktionsausfallskosten sowie 133 Milliarden Euro Ausfall an Bruttowertschöpfung (Haufe Online Redaktion 2018).

Stress und hohe Arbeitsverdichtungen fordern ihren Tribut. In den vergangenen zehn Jahren konnte immer mehr Arbeit nicht erledigt werden, weil Beschäftigte sich teilweise wochenlang krankmeldeten.

Für die gesunden Mitarbeiter bringt der Ausfall von Kollegen Mehrbelastungen mit sich, sie fühlen sich überlastet, fallen im schlimmsten Fall ebenfalls wegen gesundheitlicher Probleme aus – ein Teufelskreis.

Fehltage

> 19,4 Tage fehlte laut AOK-Report durchschnittlich jeder versicherte Beschäftigte im Jahr 2018 aufgrund einer ärztlichen Arbeitsunfähigkeitsbescheinigung am Arbeitsplatz (AOK 2018).

Die häufigsten Gründe für Ausfalltage: Atemwegserkrankungen (49,9 Fälle je 100 AOK-Mitglieder), Muskel-Skelett-Erkrankungen (34,1 Fälle je 100 AOK-Mitglieder), psychische Erkrankungen (11,2 Fällen je 100 AOK-Mitglieder).

Die Techniker-Krankenkasse ermittelte in ihrem TK-Gesundheitsreport 2018 durchschnittlich eine gemeldete erkrankungsbedingte Fehlzeit von 15,1 Tagen je Erwerbsperson (Techniker Krankenkasse 2018).

Seit 1994 und damit erstmals für das Jahr 1993 schätzt die Bundesanstalt für Arbeitsschutz und Arbeitsmedizin (BAuA) die volkswirtschaftlichen Produktionsausfälle durch Arbeitsunfähigkeit. Mit einer durchschnittlichen Arbeitsunfähigkeit von 17,2 Tagen je Arbeitnehmer/-in ergeben sich im Jahr 2016 insgesamt 674,5 Millionen Arbeitsunfähigkeitstage (BAuA 2017).

Ein Vergleich der Fälle von Arbeitsunfähigkeit (AU-Fälle) und den hierdurch entstehenden Fehltagen (AU-Tage) macht deutlich, dass Langzeiterkrankungen für Fehlzeiten und damit auch für die Kostenbelastung der Betriebe die maßgebliche Rolle spielen.

Langzeiterkrankungen mit einer Dauer von mehr als sechs Wochen machen zwar nur 4,3 Prozent aller AU-Fälle aus, aber 42,3 Prozent aller AU-Tage (Badura et al. 2018) (vgl. Abb. 1.1).

Bei der Betrachtung von Fehlzeiten ist es unerheblich, ob demotivierte Mitarbeiter an ihrem Arbeitsplatz verbleiben oder eine Krankmeldung einreichen.

> Fakt: Aus Sicht eines Unternehmers ist jeder fehlende Mitarbeiter einer zu viel.

Es werden im Personalmanagement im Wesentlichen zwei Ursachen für Fehlzeiten unterschieden
- **Absentismus:**

  – Unter Absentismus bezeichnet man motivationsbedingte Fehlzeiten im Betrieb, die sich weder medizinisch oder krankheitsbedingt, noch durch vertragliche Regelungen – wie zum Beispiel Urlaub -erklären lassen.

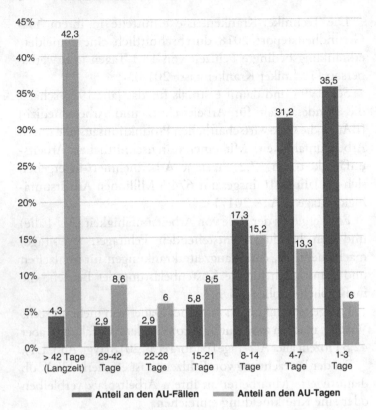

Abb. 1.1 Arbeitsunfähigkeit nach Fällen und Tagen. (Quelle: Badura et al. 2018, S. 338, Grafik modifiziert)

– Häufig wiederholte Fehlzeiten sind oftmals ein Indiz für motivationsbedingte Abwesenheit vom Arbeitsplatz. Typische Fehltage hierfür: Freitag und Montag. Der Montag hat jedoch zu Unrecht den Ruf als Wochentag mit den meisten Krankmeldungen der Arbeitnehmer. Aus den Ergebnissen des Barmer Gesundheitsreports 2018 lässt sich ablesen, dass der „Blaue Montag" ein Mythos ist: Danach zeigt sich, dass die meisten Arbeitsunfähigkeitstage nicht montags, sondern mit 15,7 Prozent an einem Freitag zu verzeichnen sind. Montags sind lediglich 13,9 Prozent der erkrankten Erwerbstätigen krankgeschrieben.

– Unter dem Begriff Absentismus messen viele Unternehmen den allgemeinen Krankenstand bzw. Arbeitsunfähigkeitstage in ihrem Unternehmen zusammengefasst.

• **Präsentismus:**

– Beim Präsentismus sind die Mitarbeiter trotz Krankheit oder gesundheitlicher Beschwerden am Arbeitsplatz anwesend – aufgrund Beeinträchtigungen aber nicht voll leistungsfähig.

– Oft gehörte Beweggründe: viele Arbeitnehmer haben schlicht Angst, dass eine Krankschreibung ihren Job gefährden könnte. Aber auch finanzielle Sorgen aufgrund Kürzungen der Lohnfortzahlung im Krankheitsfall tragen zum Präsentismus bei.

– Die Anwesenheit am Arbeitsplatz trotz Krankheit ist ein weit verbreitetes Problem in der Arbeitswelt – und zwar für Arbeitnehmer und Arbeitgeber. Das gut gemeinte Verhalten der Arbeitnehmer kostet Arbeitgeber bares Geld. Denn wer krank ist, ist weniger produktiv und steckt gegebenenfalls sogar Kollegen an.

– Die Mehrheit der Arbeitnehmer zwischen 25 und 40 Jahren geht auch krank zur Arbeit. Fast zwei Drittel schleppen sich mit Gesundheitsproblemen ins Büro, in die Werkstatt oder an andere Arbeitsplätze. Vor allem die durch Karriere und Familie besonders belastete Rushhour-Generation zwischen 30 und 40 Jahren kuriert sich nicht aus. Mehr als jeder Dritte von ihnen (36 Prozent) ging an drei bis zehn Tagen krank zum Job. Bei jedem Sechsten waren es sogar elf bis 20 Tage. Das geht aus einer repräsentativen Bevölkerungsumfrage hervor, die die DAK-Gesundheit im Rahmen ihres Gesundheitsreportes 2014 durchgeführt hat. Das Forsa-Institut befragte im Auftrag der Krankenkasse bundesweit rund 3200 Männer und Frauen (DAK 2014).

Auswirkungen auf die Häufigkeit bestimmter Krankheiten

Das durchschnittliche Alter der Erwerbstätigen steigt in den nächsten Jahren stark an – mit Auswirkung auf die Häufigkeit bestimmter Krankheiten:

- Ernährungs-/Stoffwechselkrankheiten (wie z. B. Diabetes mellitus)
- Krankheiten des Kreislaufsystems (wie z. B. Ischämische Herzkrankheiten)
- Krankheiten des Atmungssystems (wie z. B. Chronische Krankheiten der unteren Atemwege)
- Krankheiten des Muskel-Skelett-Systems (wie z. B. Polyarthritis und Arthrose)

Laut einer Analyse von Booz & Company (2009) zeichnet sich bereits jetzt ab, dass die zunehmende Überalterung der deutschen Gesellschaft eine Zunahme bestimmter Krankheitsbilder mit sich bringt. Im Jahr 2024 wird die Gruppe der 50- bis 65-Jährigen über 40 Prozent der deutschen Erwerbsbevölkerung ausmachen. Besonders in diesem Altersabschnitt ist der Anteil bestimmter Indikationen extrem hoch: 2009 wurden in dieser Bevölkerungsgruppe die Hälfte der Diagnosen für Diabetes mellitus und etwa ein Drittel jeweils bei Ischämischen Herzkrankheiten (verursacht durch Sauerstoff- und Nährstoffmangel z. B. aufgrund fehlender Bewegung oder unausgewogener Ernährung), chronischen Krankheiten der unteren Atemwege oder Polyarthritis/Arthrose gestellt (vgl. Abb. 1.2).

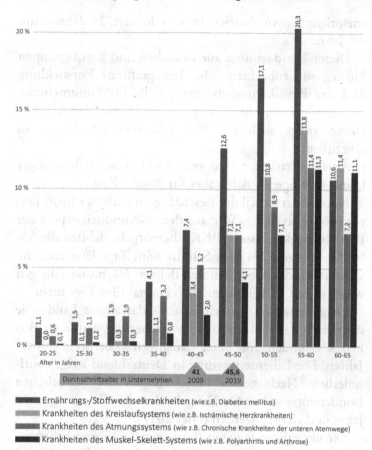

Abb. 1.2 Das durchschnittliche Alter der Erwerbstätigen steigt in den nächsten Jahren stark an – mit Auswirkungen auf die Häufigkeit bestimmter Krankheiten. (Quelle: Booz & Company 2009, Grafik modifiziert)

1.1.2 Älter werdende Belegschaften

Das Durchschnittsalter der deutschen Arbeitnehmer wurde durch das statistische Bundesamt zuletzt 2017 veröffentlicht (Destatis 2019). **43,4 – so hoch ist der Altersdurchschnitt in Betrieben.** 1991 lag es noch bei 38,8 Jahre. Das entspricht einem Anstieg in den letzten 25 Jahren um 4,6 Jahre.

Dieser Trend ist über alle Branchen und Berufsgruppen hinweg zu beobachten. Die demografische Entwicklung und der Bevölkerungsrückgang stellt für Unternehmen eine große Herausforderung dar, denn mit den Lebensjahren steigt auch die Wahrscheinlichkeit, länger zu erkranken.

Ältere Mitarbeiter sind zwar nicht wesentlich häufiger krank als jüngere – dafür aber für längere Zeit.

Nie war der Anteil der Beschäftigten jenseits von 50 Jahren größer als heute. Wie aus dem Gesundheitsreport der Betriebskrankenkassen (BKK)[1] hervorgeht, fehlten die 55- bis 59-Jährigen 2017 im Schnitt zehn Tage länger als die Gesamtheit der Arbeitnehmer. Bei den 60- bis 64-Jährigen waren es mit 32 Fehltagen noch einmal fünf Tage mehr.

Deutschland ist – nach Japan – das älteste Land. Die deutsche Gesetzliche Krankenversicherung wurde zu Bismarck erfunden, mit einer damaligen Lebenszeit von 65 Jahren. Die Lebenserwartung in Deutschland steigt kontinuierlich. Nach neuen Berechnungen des Statistischen Bundesamtes stehen für Neugeborene die Chancen gut, 90 Jahre und älter zu werden (Nier 2017).

Die eigentliche Frage in Bezug auf die längere Lebenserwartung ist: Leben wir länger – oder sind wir nur länger krank?

1.1.3 Fluktuation

Die Fluktuation bezeichnet Schwankungen der Zahl der Beschäftigten in einem Unternehmen. Sie gibt Auskunft über alle Personalabgänge eines Unternehmens, jedoch auf Initiative seitens des Arbeitnehmers.

---

[1] Für den Gesundheitsreport 2018 wurden die Daten von über acht Millionen Versicherten ausgewertet. Schwerpunkt der Ausgabe ist die Altersgruppe 50 Plus.

Ursachen für die Personalbewegung gibt es viele. Begründet im Unternehmen durch gesamtbetriebliche, arbeitsplatzunabhängige Faktoren, oder ohne Einfluss vom eigenen Betrieb durch persönliche, private Umstände. Bei Austritt durch Rente oder Tod spricht man von einer natürlichen Fluktuation. Die Fluktuationsquote ist in der Regel ein guter Indikator für die Zufriedenheit der Mitarbeiter.

Etwas Personalfluktuation ist normal in jedem Unternehmen. Kündigen jedoch viele Mitarbeiter, löst diese Situation schnell eine Kettenreaktion aus und bringt weitreichende Folgen mit sich.

Fakt: Für Unternehmen ist Fluktuation ein erheblicher Kostenfaktor.

Dieser Kostenfaktor entsteht durch direkte Austrittskosten – beispielsweise die Entgeltfortzahlung bei Freistellung und mögliche Abfindungen – aber auch indirekte Austrittskosten beispielsweise durch erforderliche Aufgabenumverteilung im Team. Hinzu kommt noch der demoralisierende Effekt bei den Mitarbeitern, die im Unternehmen verbleiben, die Mehrarbeit abfangen und bei der Belastung unter der Fluktuation leiden. Des Weiteren entstehen hohe Opportunitätskosten – beispielsweise durch Knowhow-Verlust, denn betriebsspezifische Kenntnisse und Fertigkeiten gehen zunächst einmal verloren. Für die Organisation der Wiederbesetzung von Stellen sowie der notwendigen Einarbeitung schlagen weitere Kosten zu buche. Die Opportunitätskosten des Austritts, des Vakanz-Zeitraums und der Einarbeitung bilden laut Studien die größte Position bei den fluktuationsbedingten Kosten.

Mehr als fünf Millionen Arbeitnehmer haben ihren Job bereits innerlich gekündigt und besitzen keinerlei emotionale Bindung zum Unternehmen, so der jährlich erhobene

Engagement-Index von Gallup. Experten zufolge wird die Wechselbereitschaft der Beschäftigten und damit die Fluktuationsrate in den Unternehmen weiter steigen.

Für Unternehmen bedeutet dies, dass sie sich noch stärker um ihre Angestellten bemühen und in Maßnahmen zur Mitarbeiterbindung investieren müssen.

1.1.4 Unbesetzte Arbeitsstellen

Die positive Entwicklung auf dem deutschen Arbeitsmarkt füllt zunehmend die Auftragsbücher vieler Unternehmen. Dennoch werden bundesweit und branchenunabhängig qualifizierte Arbeitskräfte gesucht.

> Vier von fünf Unternehmen haben Probleme, offene Stellen zu besetzen.

Oft gehörte Sorgen seitens der Arbeitgeber: *„Wir müssen neue Stellen schaffen, um die gestiegene Nachfrage bewältigen zu können – doch wir finden keine geeigneten Mitarbeiter."*

„Die richtig guten sind schwer zu finden und wenn sie eingestellt sind – schwerer zu binden."

Die Schwierigkeit, geeignete Mitarbeiter zu rekrutieren, wird von Arbeitgebern aktuell mit 76 Prozent am Höchsten eingeschätzt und hat im Vergleich zu 2014 mit einem damaligen Wert von 46 Prozent drastisch zugenommen (Ernst & Young 2018).

Mit einer geringeren Arbeitslosenquote sinkt auch die Anzahl der möglichen Bewerber und der Kampf um junge Talente wird somit härter. Im November 2018 lag die Arbeitslosenquote in Deutschland bei 4,8 Prozent (Statista 2019b) – das entspricht dem niedrigsten Wert seit Beginn der Zählung durch die Bundesagentur für Arbeit.

Der **Fachkräftemangel** löst einen regelrechten Kampf im Wettbewerb um die besten Kandidaten aus. Der sogenannte „War of Talents" beschränkt sich definitiv nicht ausschließlich nur auf Fachkräfte. Der mangelnde Nachwuchs ist ebenfalls ein Problem – selbst Azubi-Stellen bleiben unbesetzt.

Die Zahl der offenen Stellen ist hierzulande so hoch wie nie zuvor. Ende 2017 summierten sich nach einer repräsentativen Betriebsbefragung das Institut für Arbeitsmarkt- und Berufsforschung (IAB) die Posten in Deutschland, die nicht besetzt werden konnten, auf den Rekordwert von rund 1,2 Millionen (IAB 2018).

Vakanzzeit

Das die Besetzung offener Stellen zunehmend schwerer fällt, dürfte auch damit zusammenhängen, dass im gleitenden Jahresdurchschnitt bis April 2018, die durchschnittliche Vakanzzeit[2] – nach Abgang bis zur Neubesetzung – über alle Berufe, im Vergleich zum Vorjahreszeitraum, um 7 auf **107 Tage** gestiegen ist (Bundesagentur für Arbeit 2018).

In IT-Berufen ist ein Mangel an Experten in der IT-Anwenderberatung sowie bei Spezialisten und Experten in der Softwareentwicklung und Programmierung erkennbar. Die Vakanzzeit liegt hier bei 159 Tagen. In der gesamten Berufsgruppe „Gesundheits-, Krankenpflege, Rettungsdienst und Geburtshilfe" beträgt die Vakanzzeit von Stellenangeboten 149 Tage. Zuletzt noch gemeldete Stellenangebote für examinierte Altenpflegefachkräfte und -spezialisten: Diese sind im Bundesdurchschnitt sogar 175 Tage vakant. Das sind 63 Prozent mehr als die durchschnittliche Vakanzzeit über alle Berufe (Bundesagentur für Arbeit 2018).

---

[2] Vakanzzeit: Die abgeschlossene Vakanzzeit misst die Zeit vom gewünschten Besetzungstermin bis zur Abmeldung einer Stelle bei der BA/Jobcenter.

Arbeitnehmermarkt

Der Kampf um qualifizierte Arbeitskräfte – eine zentrale Herausforderung. Das Potenzial an potenziellen Kandidaten wird scheinbar immer geringer und die Nachfrage nach Arbeitskräften steigt stetig weiter.

Der Zeitpunkt des oft zitierten Wandels vom Arbeitgebermarkt hin zum Arbeitnehmermarkt scheint für viele schon gekommen zu sein. Woran ist der Arbeitnehmermarkt erkennbar?

Heutzutage können Bewerber es sich offensichtlich zunehmend erlauben, den Takt vorzugeben und Bedingungen zu stellen. Eine Neubewertung der Prioritäten bei der Jobsuche ist sichtbar. Diese neue Anspruchshaltung wird sich auch weiterhin vermehrt auf den War of Talents auswirken.

Von Arbeitgebern wird zunehmend berichtet, dass im Einstellungsgespräch zunächst der Bewerber mit der ersten Frage „Was haben Sie zu bieten?" an den Personaler das sogenannte Interview startet. Im weiteren Verlauf äußert der Bewerber zudem noch konkret seine Wünsche und Anforderungen an den Betrieb. Die potenziellen Mitarbeiter begutachten die Angebote der Firmen nach Hinweisen auf die Unternehmens-, Führungs- und Arbeitsplatzkultur und wählen danach ihre Favoriten aus. Stichwort: Wohlfühlklima. Die besten Arbeitgeber dürfen sich dann persönlich vorstellen.

Wir erleben gerade einen Rollentausch am Arbeitsmarkt. Das heißt: Der Arbeitgeber ist in der Rolle des Bewerbers – und der eigentliche Bewerber, also der Kandidat als potenziell künftiger Arbeitnehmer, entscheidet, welches Unternehmen in die engere Wahl als künftiger Arbeitgeber kommt. Für qualifizierte und erfahrene Arbeitnehmer ist diese Situation angenehm, denn sie können sich scheinbar eine neue Stelle aussuchen und entscheiden, für wen sie arbeiten möchten.

Um überhaupt in Zukunft Mitarbeiter zu bekommen, müssen in dieser Logik Unternehmen jedoch meist nachgeben. Dies ist Fakt und Alltag in deutschen Betrieben. Woran das liegt?

Neue Generation Mitarbeiter

Eine neue Generation Mitarbeiter ist auf dem Arbeitsmarkt, verändert die demografische Zusammensetzung der Belegschaften und **bringt ein völlig anderes Wertemuster mit.**

Die folgende Einteilung versucht die verschiedenen Generationen in ihren Hauptmerkmalen zu benennen und zusammenzufassen:

- Die **Generation Babyboomer**, geboren zwischen 1955 und 1969, waren die erste Nachkriegsgeneration nach dem zweiten Weltkrieg, haben das Wirtschaftswunder erlebt und gehören zum geburtenreichsten Jahrgang. Die heute 40- bis 60-Jährigen weisen die größte Population aller Generationen auf und gehen als nächstes dem Arbeitsmarkt durch Verrentung verloren.

- Die **Generation X**, geboren zwischen 1965 und 1980, wurde in ihrer Kindheit stark geprägt durch die Wirtschaftskrise und eine aufkommende Scheidungsrate.

- Die **Generation Y** – die 1980 bis 2000 Geborenen, die den Internetboom und die Globalisierung in vollen Zügen miterleben.

- Die **Generation Z,** die sich inzwischen auf dem Arbeitsmarkt bemerkbar macht, bezieht sich tendenziell auf ab der Jahrtausendwende Geborene – auch Millennials oder Generation YouTube genannt. Sie hat die Digitalisierung des Alltags bereits komplett in ihr Leben integriert. Sie will klar zwischen Arbeitswelt und Privatleben trennen – fordert die Vereinbarkeit von Beruf und Privatleben –

will sich aber bei Erfüllung der gewünschten Arbeitsplatzanforderungen durchaus in das Unternehmen einbringen.

Die genannten vier Generationen treffen im Arbeitsalltag vieler Unternehmen schon heute mit ihren unterschiedlichen Werten und Lebenseinstellungen immer mehr aufeinander. Das stellt die Unternehmen vor eine besondere Herausforderung.

Das Anspruchsverhalten der neuen Generationen nimmt zu. Wünsche und Anforderungen werden insbesondere von der Generation Y klar geäußert und vom künftigen Arbeitgeber eingefordert. Ausschlaggebend sind die „soften" Rahmenbedingungen: individuelle, soziale, fürsorgliche und mitarbeiterbezogene Faktoren (Abschn. 1.1.4, vgl. *Arbeitnehmermarkt*).

Arbeitgeber und Personaler schlagen die Hände über dem Kopf zusammen: Die unter 25-Jährigen gehen oftmals zu weit, so der Eindruck vieler Personaler. Diese Generation sei vom Elternhaus – dem Erziehungsstil der sogenannten „Helikopter-Eltern" verwöhnt und stoße mit zu hohen Erwartungen auf den Arbeitsmarkt. Unter den jungen Bewerbern gelte die Einstellung, mit einem Studium-Abschluss Ansprüche ableiten zu können, statt erst mal zu arbeiten. Der große Unterschied zu früher sei, dass es jetzt darum gehe, dass heutzutage Mitarbeiter Wohlfühlklima und Kuschelkurs benötigen um Leistung zu erbringen.

Ein Betroffener Unternehmer gab kürzlich dem Bewerberklientel der jungen Generation die Bezeichnung „Degenerierte Generation". Die Degenerierten seien Glückskinder, da sie nur deswegen Jobs haben, da der Markt „leergefegt" sei. Noch vor zehn Jahren hätte diese kein Chef eingestellt. Doch genau dies sei dem Bewerber von heute bewusst, er säße auf dem hohen Ross, was zur Überheblichkeit der künftigen Arbeitnehmer führe und daher zu einem degenerierten Selbstbild.

Diese überspitzte Darstellung zeigt, wie zermürbend es für Personaler ist, mit dem veränderten Anspruchsverhalten des Bewerber- und Mitarbeiterklientel konfrontiert zu werden. Dies löst offensichtlich auch Emotionen auf Seite der Arbeitgeber aus und führt zu Begrifflichkeiten wie „degenerierte Generation".

Mit Sicherheit kann und darf man diese Thesen nicht als Pauschalurteil für Allgemeingültig erklären. Es gibt schließlich auch zahlreiche Beispiele aus der Praxis die zeigen, dass sich junge Mitarbeiter als ehrgeizig, zielorientiert und einsatzwillig beweisen, sich mit dem Betrieb identifizieren und ihren Anteil am Erfolg beitragen.

> Fakt ist: Die Unternehmen werden sich auf die Bedürfnisse der neuen Generationen einstellen müssen und gleichzeitig auch um die Bedürfnisse der immer älter werdenden Belegschaft kümmern.

Die Mitarbeiter der Generation Z müssen nämlich mithelfen, damit der Generationswechsel klappt. Ein Spagat für alle.

Der wirtschaftliche Erfolg von Unternehmen hängt maßgeblich von der Verfügbarkeit qualifizierter und motivierter Talente ab. Die Anforderungen an das Personalmanagement werden sich radikal ändern. Daher müssen Arbeitgeber umdenken und immer kreativer werden in der Auswahl ihrer Annehmlichkeiten.

Wertschätzung und Nachhaltigkeit ist nicht nur ein Modewort, sondern eine Anforderung an die Arbeitswelt. Neue Generationen verlangen Verantwortung und Fürsorge seitens der Arbeitgeber und eine andere Ansprache. Was bedeutet dies übersetzt auf das sogenannte Employer Branding?

1.1.5 Employer Branding

Employer Branding bezeichnet das Konzept eines Unternehmens, sich selbst als attraktiven Arbeitgeber darzustellen und eine Arbeitgebermarke aufzubauen.

Die Gewinnung neuer Mitarbeiter stellt laut Trendstudie (Ernst & Young 2018) mit 76 Prozent für Arbeitgeber die größte Herausforderung dar. Arbeitgeber sehen den Fachkräftemangel als Konjunkturproblem.

Die Strategie des Employer Brandings soll helfen, durch ein positives Unternehmensimage auf den Arbeitgeber aufmerksam zu machen und somit die richtigen Mitarbeiter für das Unternehmen zu finden. Es ist also ein wichtiger Bestandteil des Personalmarketing eines jeden Unternehmens. Die aktive Außenkommunikation verschafft ein möglichst zutreffendes Bild der vakanten Tätigkeit, den Besonderheiten und Vorzügen des Arbeitgebers und soll letztlich den Kandidaten animieren, sich auf die ausgeschriebene Stelle zu bewerben.

Im Zusammenhang mit der neuen Generation Y interessieren sich insbesondere jüngere Bewerber vor allem für die Werte eines Unternehmens.

> Die Unternehmenskultur – auch Company Culture genannt – beschreibt, welche Werte dem Unternehmen wichtig sind und welchen Stellenwert der Mitarbeiter einnimmt.

Die Werte eines Unternehmens sind auch dann wichtig, wenn für einen Bewerber die Wahl zwischen zwei Arbeitgebern ansteht, die sich hinsichtlich der konkreten Arbeitsplatzmerkmale, der Standortlage oder des Gehalts nicht wesentlich unterscheiden. In dieser Situation kann es ausschlaggebend sein, als innovativer und sozialattraktiver Arbeitgeber wahrgenommen zu werden.

In dieser HR-Disziplin müssen sich Unternehmer die Fragen stellen:

- Was macht uns als Arbeitgeber einzigartig?
- Wofür steht das Unternehmen?
- Warum sollte sich ein Bewerber für unser Unternehmen entscheiden, anstatt für die Konkurrenz?
- Warum sollten sich qualifizierte Mitarbeiter langfristig an unser Unternehmen binden?

> Die Schaffung einer attraktiven Arbeitgebermarke sorgt neben dem Aspekt „Mitarbeiter finden" gleichzeitig für eine hohe Identifikation der Beschäftigten mit ihrem Arbeitgeber und hilft somit auch Mitarbeiter zu binden.

Um Bewerber für sich zu gewinnen, reicht es nicht mehr aus, Umsatzzahlen des Unternehmens zu präsentieren und allgemeine Pressemitteilungen zu veröffentlichen. Zukünftige Mitarbeiter interessieren sich für die Arbeitsbedingungen im Unternehmen, die Kultur und die Zufriedenheit der bestehenden Mitarbeiter. Über die Karrierewebseite sollten die Unternehmen einen guten Überblick über die Arbeit vermitteln und sich selbst vorstellen.

1.2 Human Resources

Human Resources (HR) – eine feste Begrifflichkeit in der Arbeitswelt. Es kommt aus dem englischen und steht für „alle einem Unternehmen zur Verfügung stehenden menschlichen Leistungspotenziale" (Duden 2019). Sprich den Mitarbeitern.

Die Rolle der Personaler verändert sich. Während er in der Vergangenheit vorrangig als administrativer Mitarbeiter wahrgenommen wurde, wandelt sich die Rolle aktuell zum wichtigen Ratgeber und Akteur im Top Management.

Der Human Resources Manager – kurz HR-Manager – ist für die gesamten Personalangelegenheiten innerhalb eines Unternehmens zuständig. HR muss über die neuesten Entwicklungen der Personalarbeit auf dem Laufenden sein.

Egal ob Kleinbetrieb, mittelständisches Unternehmen oder Konzern – es geht bei HR um Mitarbeiter – also um Menschen, dem wichtigsten Kapital eines Unternehmens. Das Humankapital bezeichnet das Leistungspotenzial eines Individuums oder Kollektivs, welches direkt und aktiv in die Produktion einfließt.

Der Erfolg eines jeden Unternehmens hängt im Wesentlichen von gesunden und leistungsfähigen Mitarbeitern ab. Die Leistungsfähigkeit und die Leistungsbereitschaft der Mitarbeiter werden durch ihre Gesundheit am Arbeitsplatz stark beeinflusst. Gute Gründe also für Arbeitgeber, die Gesundheit und die Motivation der Beschäftigten ernst zu nehmen und mehr zu tun, als vor Arbeits- und Unfallgefahren zu warnen.

Auch in Zeiten von Digitalisierung und Künstlicher Intelligenz (KI) bleibt das Herzstück der Personalarbeit das „People Business" – der Mensch im Fokus – mit dem Ziel, die Gesundheit der Belegschaft zu erhalten.

1.3 Gesundheit

Die wohl bekannteste Definition von Gesundheit wurde durch die Weltgesundheitsorganisation (WHO) beschrieben:

„Gesundheit ist ein Zustand vollkommenen körperlichen, geistigen und sozialen Wohlbefindens und nicht allein das Fehlen von Krankheit und Gebrechen."[3]

Nach Parsons (1967), Medizinsoziologe:

„Gesundheit ist ein Zustand optimaler Leistungsfähigkeit eines Individuums, für die wirksame Erfüllung der Rollen und Aufgaben, für die es sozialisiert worden ist."

Wesentlicher Einflussfaktor auf die Gesundheit ist die medizinische Versorgung (siehe Vorwort).

Mit dem Folgenden Kapitel möchte ich bei Arbeitgebern und Personalverantwortlichen ein besseres Verständnis für die Situation der Arbeitnehmer in der aktuellen Gesundheitsversorgung erreichen.

Achtung: Zum Verstehen der Problematik bildet das deutsche Krankenversicherungssystem das Fundament. Nur wer die Funktionsweise der einzelnen „Puzzleteile" versteht, kann am Ende des Gesamt-Puzzles ein vollständiges Bild erkennen.

Für Unternehmer ist es wichtig zu wissen, auf welche Gesundheitsversorgung ihre Erwerbstätigen im Krankheitsfall zugreifen, wo gegebenenfalls im deutschen Gesundheitssystem der Schuh drückt und welche Auswirkungen die medizinische Behandlung, Vorsorge und Versorgung der Mitarbeiter auf das Unternehmen hat. Die Folgen sind fatal und schädigen die Produktivität von Betrieben.

---

[3] Definition Gesundheit laut WHO („Health is a state of complete physical, mental and social wellbeing and not merely the absence of disease or infirmity.").

Fazit

Die Firmen steuern nicht mehr nur auf Fach-/Führungskräftemangel, demografischen Wandel und hohe Fehlzeiten zu, sondern sie befinden sich schon mittendrin. Veränderungsprozesse sind an der Tagesordnung.

Das Finden, Binden und gesundhalten von Arbeitskräften wird für deutsche Unternehmen immer mehr zu einer Herausforderung und damit zu einer der drängendsten Aufgaben im Personalmanagement.

Veränderte Situationen, Rahmenbedingungen und Wertehaltungen – all das fordert von Firmen, über alle Branchen hinweg, eine vorausschauende Personalpolitik gepaart mit neuen Wegen.

Um nachhaltige Wirkung zu erzielen, müssen sich Betriebe neu ausrichten.

Literatur

AOK (Hrsg.) (2018). Fehlzeiten-Report 2018. https://www.aok-bv.de/presse/pressemitteilungen/2018/index_20972.html?src=aspcu&typ=dl&cid=6870. Zugegriffen: 9.Januar 2019

Badura, B. et al. (Hrsg.) (2018). *Fehlzeiten-Report: Daten und Analysen.* Wiesbaden: Springer.

BAuA (Hrsg.) (2017). Volkswirtschaftliche Kosten durch Arbeitsunfähigkeit. https://www.baua.de/DE/Themen/Arbeitswelt-und-Arbeitsschutz-im-Wandel/Arbeitsweltberichterstattung/Kosten-der-AU/Kosten-der-Arbeitsunfaehigkeit_node.html. Zugegriffen: 9. Januar 2019

Booz & Company (2009). Statistisches Bundesamt: Inlandsproduktberechnung 2009; Bundesministerium für Arbeit und Soziales 2009: Sicherheit und Gesundheit bei der Arbeit 2009, S. 86; Stewart et al., 2003; Collins, Base, 2005; Miriam Wagner, 2010; Fabian Wolfgang Wallert, 2007

Bundesagentur für Arbeit (Hrsg.) (2018). Fachkräfteengpassanalyse. https://statistik.arbeitsagentur.de/Statistikdaten/Detail/201806/ arbeitsmarktberichte/fk-engpassanalyse/fk-engpassanalyse-d-0-201806-pdf.pdf. Zugegriffen: 9. Januar 2019

DAK (Hrsg.) (2014). DAK-Studie: Viele Deutsche gehen krank zur Arbeit. https://www.dak.de/dak/bundes-themen/krank-zur-arbeit-1477390.html. Zugegriffen: 9. Januar 2019

Destatis (Hrsg.) (2019). Erwerbstätige sind im Durchschnitt 43 Jahre alt. https://www.destatis.de/DE/Presse/Pressemitteilungen/Zahl-der-Woche/2017/PD17_26_p002.html. Zugegriffen: 9. Januar 2019

Duden (Hrsg.) (2019). Human Resources. https://www.duden. de/suchen/dudenonline/human%20resources. Zugegriffen: 9. Januar 2019

Ernst & Young (Hrsg.) (2018). Mittelstandsbarometer: Fachkräftemangel und Flüchtlingsintegration 2018. https://www. ey.com/Publication/vwLUAssets/ey-mittelstandsbarometer-fachkraeftemangel-und-fluechtlingsintegration/$FILE/ ey-mittelstandsbarometer-fachkraeftemangel-und-fluechtlingsintegration.pdf. Zugegriffen: 9. Januar 2019

Haufe Online Redaktion (Hrsg.) (2018). Arbeitsunfähigkeit kostet schätzungsweise 75 Milliarden Euro. https://www.haufe. de/arbeitsschutz/gesundheit-umwelt/arbeitsunfaehigkeit-kostet-schaetzungsweise-75-milliarden-euro_94_445402.html. Zugegriffen: 9. Januar 2019

IAB (Hrsg.) (2018). Zahl der offenen Stellen mit 1,2 Millionen auf neuem Rekordstand. https://www.iab.de/de/informationsservice/presse/presseinformationen/os1704.aspx. Zugegriffen: 9. Januar 2019

Nier, H. (2017). Die Lebenserwartung steigt immer weiter. https://de.statista.com/infografik/9939/entwicklung-der-lebenserwartung-in-deutschland/. Zugegriffen: 9. Januar 2019

Parsons, T. (1967). Definition von Gesundheit und Krankheit im Lichte der Wertbegriffe und der sozialen Struktur Amerikas. In A. Mitscherlich u. a. (Hrsg.), *Der Kranke in der modernen Gesellschaft* (S. 57–87). Köln: Syndikat/EVA.

Statista (Hrsg.) (2019a). Anzahl der Erwerbstätigen mit Arbeitsort in Deutschland vom 1. Quartal 2015 bis zum 4. Quartal 2018 (in 1.000). https://de.statista.com/statistik/daten/studie/77943/umfrage/anzahl-der-erwerbstaetigen-mit-arbeitsort-in-deutschland/. Zugegriffen: 9. Januar 2019

Statista (Hrsg.) (2019b). Arbeitslosenquote in Deutschland von Februar 2018 bis Februar 2019. https://de.statista.com/statistik/daten/studie/1239/umfrage/aktuelle-arbeitslosenquote-in-deutschland-monatsdurchschnittswerte/. Zugegriffen: 9. Januar 2019

Techniker Krankenkasse (Hrsg.) (2018). Gesundheitsreporte Arbeitsunfähigkeiten. https://www.tk.de/firmenkunden/gesundarbeiten/gesundheitsberichterstattung/gesundheitsreport-arbeitsunfaehigkeit-2033764. Zugegriffen: 9. Januar 2019

2

Gesundheitssysteme in Deutschland

2.1 Allgemeine Krankenversicherungspflicht in Deutschland

Die Krankenversicherung in Deutschland ist ein eigenständiger Zweig der Sozialversicherung gegen das Risiko der Krankheit und ihrer Folgen.

Seit 1. Januar 2009 besteht die allgemeine Pflicht zur Krankenversicherung. (§ 5 SGB V 2018a)

Dieser Schritt wurde mit dem GKV-Wettbewerbsstärkungsgesetz 2007 beschlossen. Er war eine Reaktion auf die zuvor deutlich gestiegene Zahl der Nichtversicherten in Deutschland.

Das heißt: alle **Personen mit einem Wohnsitz in Deutschland müssen eine Grundversorgung über eine Krankenversicherung haben** – entweder per gesetzlicher Krankenversicherung (GKV) oder privater Krankenversicherung (PKV), vgl. Abb. 2.1.

© Springer Fachmedien Wiesbaden GmbH, ein Teil von
Springer Nature 2019
M. Scherbaum, *Gesundheit für alle – Revolution der betrieblichen
Gesundheitsversorgung*, Fit for Future,
https://doi.org/10.1007/978-3-658-26729-2_2

Abb. 2.1 Grundversorgung Allgemeine Krankenversicherungspflicht

2.2 Gesetzliche Krankenversicherung (GKV)

2.2.1 Entstehung und Prinzip der GKV

Die Gesetzliche Krankenversicherung (GKV) entstand Ende des 19. Jahrhunderts im Rahmen der Sozialgesetzgebung unter dem damaligen Reichskanzler Otto von Bismarck. Der Deutsche Reichstag verabschiedete am 15. Juni 1883 das Gesetz zur Krankenversicherung.

Die GKV ist seither die zentrale Säule des deutschen Gesundheitssystems und der älteste Zweig der Sozialversicherung. Sie sollte zunächst vor allem die Arbeiter in Industrie, Handwerk und Kleingewerbe absichern, wenn sie krank wurden.

Auf die Einführung der Krankenversicherung folgten im Jahr 1884 die gesetzliche Unfallversicherung und 1889 die Rentenversicherung. Die Arbeitslosenversicherung wurde 1927 eingeführt – und erst im Jahr 1995 die Pflegeversicherung. Diese Fünf Säulen bilden die heutige Sozialpolitik.

Das zentrale Funktionsprinzip des Gesetzlichen Krankenversicherungssystems ist das Solidaritätsprinzip: „Die Gesunden helfen den Kranken". Alle Versicherten erhalten die gleiche Versorgung. Alter, Geschlecht oder Krankheitsrisiko spielen bei der Beitragsberechnung keine Rolle.

2.2.2 GKV Heute

Im Jahr 2018 waren 72,8 Millionen Menschen gesetzlich krankenversichert (Statista 2019a). Das sind 88 Prozent der deutschen Bevölkerung. Somit besteht in deutschen Betrieben für knapp neun von zehn Mitarbeitern, als Mitglied der GKV, primär eine Grundversorgung für das Krankheitsrisiko.

Die GKV wird von den gesetzlichen Krankenkassen getragen. Die Kassen sind Körperschaften des öffentlichen Rechts.

GKV-Versicherte können ihre Kasse frei wählen. Die gesetzlichen Krankenkassen sind als Körperschaften des öffentlichen Rechts organisiert und können auch insolvent gehen. Die Zahl der gesetzlichen Krankenkassen ist Anfang des Jahres 2019 auf 109 gesunken. Seit 2008 hat sich die Zahl der Krankenkassen mehr als halbiert. Zur Jahrtausendwende gab es nach Daten des GKV-Spitzenverbands noch über 400 Kassen, zehn Jahre zuvor sogar noch weit über eintausend.

2.2.3 Versicherungspflicht für Arbeitnehmer

Versicherungspflichtig in der GKV sind nach § 5 SGB V alle Arbeiter und Angestellte – es sei denn, ihr regelmäßiges Arbeitsentgelt übersteigt die Versicherungspflichtgrenze.

Arbeitnehmer ist, wer in einem abhängigen Beschäftigungsverhältnis steht. Feste Arbeitszeiten, bezahlter Urlaub und Lohnfortzahlung im Krankheitsfall kennzeichnen dieses Beschäftigungsverhältnis.

Ebenfalls versicherungspflichtige Mitglieder in der GKV sind: freiberuflich tätige Künstler und Publizisten, Studierende, Menschen ohne Arbeit sowie Rentner.

Versicherungspflichtgrenze/Jahresarbeitsentgeltgrenze
Die Jahresarbeitsentgeltgrenze (JAEG) ist maßgeblich für die Frage, bis zu welcher Höhe des Arbeitsentgelts Arbeitnehmer GKV-pflichtversichert sind (§ 6 SGB V 2018b). Die Jahresarbeitsentgeltgrenze wird deshalb auch Versicherungspflichtgrenze genannt.

Rechengrößen ab 01.01.2019: 60.750 Euro pro Jahr (5062,50 Euro pro Monat)

Für Arbeitnehmer, die bereits am 31.12.2002 versicherungsfrei bzw. PKV-versichert waren, gilt die Besondere Versicherungspflichtgrenze: 54.450 Euro pro Jahr (4537,50 Euro pro Monat).

2.2.4 Freiwillige Mitgliedschaft

Arbeitnehmer werden versicherungsfrei, wenn das tatsächlich erzielte regelmäßige Einkommen die Versicherungspflichtgrenze im Jahr (2018: 59.400 Euro) übersteigt und ihr voraussichtliches Gehalt die Versicherungspflichtgrenze im Jahr 2019 (60.750 Euro) übersteigen wird. Entfällt die Versicherungspflicht in der GKV, besteht die Möglichkeit der freiwilligen Weiterversicherung in der GKV oder zum Wechsel in die PKV.

2.2.5 Finanzierung der GKV

Finanziert werden die Leistungen der GKV hauptsächlich durch Beiträge, die von Arbeitgebern und Arbeitnehmern getragen werden. Seit dem 1. Januar 2009 erfolgt die Finanzierung der gesetzlichen Krankenversicherung über den Gesundheitsfonds, der beim Bundesversicherungsamt als Sondervermögen des Bundes geführt wird.

Gesundheitsfonds

Ab 1. Januar 2009 wurde mit der Einführung des Gesundheitsfonds die Finanzierung der gesetzlichen Krankenversicherung neugestaltet.

Die Kassen ziehen die Beiträge ein und überweisen die Gelder an den Gesundheitsfonds weiter. Zusätzlich wird die GKV durch einen Steuerzuschuss gestützt, um versicherungsfremde Leistungen zu finanzieren. Die Höhe ist von der Politik- und Haushaltslage abhängig. Nach aktuellen Planungen wird der Bund jährlich 14,5 Milliarden Euro an den Gesundheitsfonds überweisen.

Aus dem Gesundheitsfonds erhält jede Kasse pro versicherte Person eine Pauschale. Dabei richtet sich die Pauschale nach dem Alter, dem Geschlecht und dem Gesundheitszustand des Versicherten. Reichen die zugewiesenen Mittel einer Kasse nicht aus, kann sie von ihren Mitgliedern einen Zusatzbeitrag verlangen.

Die Einnahmenseite der GKV ist abhängig von:

- der Anzahl der versicherungspflichtig Beschäftigten (demografische Entwicklung).
- der allgemeinen Lohnentwicklung (wirtschaftliche Entwicklung).
- der Höhe der staatlichen Steuerzuschüsse (politische Entscheidungen).
- der Höhe von Beitragssatz und Zusatzbeitrag (kassenindividuelle Entscheidung).

Wenn das Geld aus dem Gesundheitsfonds nicht reicht, erheben die Krankenkassen einen Zusatzbeitrag.

Zusatzbeitrag
Krankenkassen, die mit den Zuweisungen aus dem Gesundheitsfonds ihren Finanzbedarf nicht decken können, können zusätzlich zum einheitlichen Beitragssatz von 14,6 Prozent einen prozentualen Zusatzbeitragssatz erheben (§ 242 und § 242a SGB V 2018c).

Der kassenindividuelle Zusatzbeitrag wird seit dem 1. Januar 2019 wieder von Arbeitgebern und Arbeitnehmern paritätisch getragen. Von 2015 bis 2018 musste er von den Arbeitnehmern allein beglichen werden.

Das Bundesgesundheitsministerium legt auf Empfehlung des GKV-Schätzerkreises (BVA, GKV-SV, BMG) den **durchschnittlichen Zusatzbeitragssatz** bis zum 1. November jeweils für das Folgejahr fest. Für das Jahr 2019 auf **0,9 Prozent.**

Bundeszuschuss
Der jährliche Bundeszuschuss wird aus Steuermitteln pauschal für sogenannte versicherungsfremde Leistungen (zum Beispiel beitragsfreie Familienversicherung von Kindern und Ehegatten) an die GKV gezahlt. Seit 2017 ist der Bundeszuschuss auf jährlich 14,5 Milliarden Euro im Haushaltsbegleitgesetz festgeschrieben.

2.2.6 Beitragsberechnung der GKV

Beitragssatz
Die GKV berechnet ihren Beitrag mit einem festen Prozentsatz abhängig vom Bruttoarbeitslohn. Seit 1. Januar 2015 beträgt der **allgemeine Beitragssatz 14,6 Prozent.**

Die Hälfte, das heißt 7,3 Prozent trägt der Arbeitnehmer, die andere Hälfte der Arbeitgeber.

Der Höchstbeitrag ergibt sich sowohl bei pflicht- als auch bei freiwillig versicherten Mitgliedern unter Berücksichtigung der Beitragsbemessungsgrenze.

Beitragsbemessungsgrenze
Die Beitragsbemessungsgrenze ist eine dynamische Grenze, die jeweils zum 1. Januar eines Jahres entsprechend der durchschnittlichen Lohnentwicklung von der Bundesregierung durch Rechtsverordnung angepasst wird (§ 68 SGB VI 1989a).

Die Rechengrößen betragen für das Jahr 2019: 54.450 Euro jährlich, 4537,50 Euro monatlich. Es werden die Einkünfte insgesamt bis zur Beitragsbemessungsgrenze herangezogen (Die Bundesregierung 2018).

Die Höhe des GKV-Beitrags steigt also automatisch:

- bei jeder Erhöhung der Beitragsbemessungsgrenze zu Jahresbeginn.
- bei jeder Erhöhung des Beitragssatzes bzw. des kassenindividuellen Zusatzbeitrags.
- bei jeder Lohn- bzw. Gehaltserhöhung – das heißt: je höher das Einkommen, desto höher auch der Krankenkassenbeitrag.

Arbeitgeberzuschuss
Angestellte erhalten für die Krankenversicherung einen Arbeitgeberanteil. Der Zuschuss wird für die gesetzliche und private Krankenversicherung gezahlt. Die Höhe wird von der Bundesregierung festgelegt.

Ab 2019 zahlt der Arbeitgeber maximal 351,66 Euro (inklusive Zusatzbeitrag 0,9 Prozent) und maximal 69,20 Euro zur Pflegepflichtversicherung.

Beiträge im Alter
Für Rentner – aber auch bereits für den Rentenantragsteller – gilt eine besonders geregelte Versicherungspflicht: die Kran-

kenversicherung der Rentner (KVdR). Rentner und Rentenantragsteller unterliegen der Versicherungspflicht in der KVdR,
wenn sie mindestens 9/10 der zweiten Hälfte ihres Erwerbsle-
bens der GKV angehört haben oder als Familienangehörige
eines Kassenmitglieds Anspruch auf Familienhilfe hatten.

Da die GKV keine Rücklagen für ihre älteren Versicherten bildet und deren höhere Krankheitskosten stets von den
jüngeren mitfinanziert werden müssen, ist es kein Wunder,
dass auch die Beiträge für Rentner in der GKV kontinuierlich gestiegen sind. Beispielsweise durch die Einbeziehung
von immer mehr Einkunftsarten in die Beitragsermittlung.
So werden zur Beitragsermittlung nicht nur die laufende
Rente, sondern seit 2004 auch sonstige Versorgungsbezüge
oder einmalige Kapitalzahlungen bis zur Beitragsbemessungsgrenze herangezogen. Kapitalleistungen wie zum Beispiel Auszahlungen aus Direktversicherungen werden dabei
gleichmäßig über zehn Jahre verteilt mit dem vollen Beitragssatz angerechnet. **Bei freiwillig versicherten Rentnern
werden Beiträge zusätzlich sogar auf Zinsen und Miet-
einnahmen erhoben, bis max. zum GKV-Höchstbeitrag
von 853 Euro monatlich.**

Beitragsentwicklung der GKV
Die Beitragssätze der GKV sind kontinuierlich angestiegen.

- 1970: 8,2 Prozent
- 1980: 11,4 Prozent
- 1990: 12,5 Prozent
- 2000: 13,5 Prozent
- 2005: 13,7 Prozent
- 2010: 14,9 Prozent
- 2011–2014: 15,5 Prozent
- seit 2015: 14,6 Prozent zzgl. Zusatzbeitrag der Krankenasse
- 2019: 14,6 Prozent + 0,9 Prozent durchschnittlicher Zusatzbeitrag der Krankenkasse

Lag der monatliche Höchstbeitrag im Jahr 1970 noch bei rund 50 Euro, liegt heutzutage (2019) der monatliche Höchstbeitrag für die gesetzliche Krankenversicherung inkl. Pflegepflichtversicherung bei 853 Euro.

Trotz steigender Beiträge sind Leistungen der GKV nicht garantiert und können durch Reformen jederzeit vom Gesetzgeber verändert werden.

> In der GKV werden schon heute einerseits Leistungen ausgegrenzt (§ 28 SGB V 2018d), auf Regelversorgung oder durch das Wirtschaftlichkeitsgebot (§ 12 SGB V 2018e) begrenzt (Abschn. 2.2.7, vgl. Wirtschaftlichkeitsgebot).

2.2.7 Leistungen

Die meisten Leistungen der GKV sind systemweit vorgeschrieben und entsprechend festgelegt (Abschn. 2.2.7, vgl. Wirtschaftlichkeitsgebot).

Gemeinsam mit der Kassenärztlichen Bundesvereinigung (KBV), der Kassenzahnärztlichen Bundesvereinigung (KZBV) und der Deutschen Krankenhausgesellschaft (DKG) entscheidet der GKV-Spitzenverband im Gemeinsamen Bundesausschuss (G-BA) über die konkrete Ausgestaltung des Leistungskataloges der GKV.

Jeder gesetzlich Versicherte hat den gleichen Anspruch auf medizinische Versorgung während einer Erkrankung – egal, wie hoch sein Einkommen und damit seine Beiträge sind.

Zum sogenannten Leistungskatalog der Kassen gehört die ambulante Versorgung in Deutschland – vor allem von niedergelassenen, freiberuflich tätigen Ärzten und Zahnärzten mit „Kassenzulassung", das heißt, sie behandeln gesetzlich Versicherte.

Zu den Regelleistungen gehören außerdem zahnärztliche Kontrolluntersuchungen und Zahn-, Zahnfleisch- und kieferorthopädische Behandlungen. Für Zahnersatz zahlen die gesetzlichen Krankenkassen einen festgelegten Zuschuss.

Allgemeine Krankenhausleistungen sind Leistungen, die für die medizinisch zweckmäßige und ausreichende stationäre Behandlung der jeweiligen Krankheit eines Patienten notwendig sind. Das beinhaltet vor allem die medizinische Versorgung durch die diensthabenden Ärzte sowie die Unterbringung im Mehrbettzimmer.

Wirtschaftlichkeitsgebot
Das Leistungsgeschehen unterliegt neben dem Bedarfsprinzip gemäß Paragraf 12 SGB V auch dem Wirtschaftlichkeitsgebot. Demnach müssen die von der GKV finanzierten Leistungen

* **ausreichend und zweckmäßig sein,**
* **wirtschaftlich erbracht werden und**
* **dürfen das Maß des Notwendigen nicht überschreiten.**

Welche Leistungen diesen Kriterien entsprechen und grundsätzlich von den Krankenkassen zu erstatten sind, wird vor allem durch Entscheidungen des Gemeinsamen Bundesausschuss (GBA) festgelegt. Der GBA ist das wichtigste Gremium der gemeinsamen Selbstverwaltung in der GKV.

Das Bedarfsprinzip und das Wirtschaftlichkeitsgebot sind unmittelbar aufeinander bezogen, denn nur Leistungen, die zweckmäßig, ausreichend sind und das Maß des Notwendigen nicht überschreiten, können auch wirtschaftlich sein.

Individuelle Gesundheitsleistungen
Unter Individuelle Gesundheitsleistungen – kurz IGeL genannt – sind alle Leistungen zu verstehen, die nicht zum

festgeschriebenen Leistungskatalog der gesetzlichen Krankenkassen gehören – die eine Kasse also nicht zahlen muss. Daher werden IGeL-Leistungen auch Selbstzahlerleistungen genannt.

Die Palette reicht von zusätzlicher Diagnostik beispielsweise in der Schwangerschaft, bis zu Vorsorgeuntersuchungen mit Ultraschall zur Früherkennung.

Der Gemeinsame Bundesausschuss (G-BA) ist das zentrale Entscheidungsgremium des Gesundheitswesens: Er legt im Rahmen der gesetzlichen Bestimmungen fest, welche medizinischen Untersuchungs- und Behandlungsmethoden die gesetzlichen Krankenkassen bezahlen müssen. Leistungen, die der G-BA als Kassenleistung ablehnt oder über die er noch keine Entscheidung getroffen hat, werden oft als IGeL angeboten.

Sind Leistungen einmal vom G-BA abgelehnt worden, dürfen gesetzliche Krankenkassen sie nicht mehr freiwillig bezahlen.

Laut IGeL-Report 2018, gehören u. a. zu den zehn am häufigsten angebotenen oder nachgefragten IGeL (IGeL-Monitor/MDS 2018):

- Ultraschall der Eierstöcke zur Krebsfrüherkennung
- Ultraschall der Brust zur Krebsfrüherkennung
- Ultraschall (transvaginal) des Bauchraums
- Augeninnendruckmessung zur Glaukom-Früherkennung
- Dermatoskopie zur Hautkrebs-Vorsorge
- Blutuntersuchungen ergänzend zur Kassenleistung.

Die Einstellung zu IGeL ist ganz unterschiedlich. Die Kassen sagen „alles Quatsch, Geldmacherei", Ärzte und Patienten sehen es oft anders. Dabei sind die Kassen hier sicher nicht neutral, denn sie müssten die Leistungen ja bezahlen, wenn sie diese für sinnvoll erklärten (Specht 2018).

> Fakt: IGeL-Leistungen sind Leistungen, die nicht zum Leistungsumfang der gesetzlichen Krankenversicherung gehören, dennoch von Patientinnen und Patienten nachgefragt werden, ärztlich empfehlenswert oder aufgrund des Patientenwunsches ärztlich vertretbar sind.

Das Problem: Die Kosten müssen die Patienten selbst tragen. Etwa eine Milliarde Euro geben gesetzlich Versicherte jährlich in deutschen Arztpraxen für IGeL aus.

Reformbedarf und Folgen

Die Gesundheitsversorgung wurde über die Jahre immer teurer. Dies zwang die bundesdeutsche Gesundheitspolitik zu kontinuierlichen Kostendämpfungen. In der Historie wurden Leistungen immer wieder durch zahlreiche Reformgesetze geändert oder gar gestrichen, denn vertraglich garantierte Leistungen kennt das gesetzliche System nicht.

> In den vergangenen 30 Jahren hat nicht nur das GKV-Modernisierungsgesetz für Leistungskürzungen in der GKV gesorgt. Auch einige andere Reform-Beschlüsse haben Veränderungen zu Lasten der Versicherten mit sich gebracht.

Der enorme Reformbedarf der letzten Jahrzehnte bescherte eine Vielzahl neuer Gesetze, die in dieser Phase verabschiedet wurden:

(Hinweis: Aufzählung der Reformen nur auszugsweise – nicht abschließend)

- das Krankenversicherungskostendämpfungsgesetz (KVKG) 1977,
- das Haushaltsbegleitgesetz 1982,
- das Kostendämpfungs-Ergänzungsgesetz 1981,

- das Krankenhaus-Neuordnungsgesetz (KHNG) 1984,
- das Gesetz über die kassenärztliche Bedarfsplanung 1986,
- das Gesundheits-Reformgesetz (GRG) 1988,
- GKV Neuordnungsgesetz 1997,
- GKV-Reform 2000,
- Gesundheitsmodernisierungsgesetz (GMG) 2004,
- Gesundheitsreform 2006,
- GKV-Wettbewerbsstärkungsgesetz (GKV-WSG) 2007,
- Gesundheitsreform 2011.

**Das Fatale: Die Leistungen können jederzeit weiter ge-
kürzt werden!**
**Künftig noch zu erwartende Reformen der gesetzli-
chen Krankenkassen (GKV) werden Schritt für Schritt
weiter Richtung Grundversorgung führen.**

- Die verbleibenden GKV-Leistungen werden reduziert
- Erhebliche Versorgungslücken in der medizinischen
  Versorgung
- Hohe Eigenbeteiligungen und Zuzahlungen
- Verknappung von Kapazitäten
- Budgetierungen von Leistungen
- Leistungsbereiche werden ganz gestrichen
- Weniger Arztpraxen
- Fachärztemangel
- Lange Wartezeiten auf wichtige Untersuchungen, Dia-
  gnostik und Therapie

Das Gesetz vom Juli 2015 zur Stärkung der Versorgung in
der GKV sieht vor, den GKV Versicherten mit einer Überweisung innerhalb von 4 Wochen einen Termin bei einem
Facharzt zu vermitteln, doch der Fachärztemangel in bestimmten Regionen Deutschlands zeigt in der Konsequenz
eine dramatische Realität, in der lange Wartezeiten zur
Normalität zählen.

In manchen Regionen warten GKV-Patienten schon heute sechs Monate und mehr auf wichtige Facharzttermine. In den nächsten fünf Jahren gehen 25 Prozent der Ärzte in Pension. Das Problem: Ohne Facharzttermin erhalten Patienten keine Diagnose – ohne Diagnose startet keine Therapie.

Die Folge: Patienten sind in der Regel bis zum Facharzttermin krankgeschrieben! Das birgt die Gefahr für Arbeitgeber, dass GKV-Versicherte Arbeitnehmer die Ausfallzeiten weiter erhöhen.

2.2.8 Systematik Ärztehonorar

Regelleistungsvolumen (RLV)
Regelleistungsvolumen steuern die Leistungsmenge der niedergelassenen Ärzte und beschreiben die Höchstmenge an Leistungen, für die ein Arzt ein festes Honorar erhält (§ 87b SGB V 2018f) Leistungen, die er darüber hinaus erbringt, werden geringer vergütet. Derzeit werden RLV in Honorarverteilungsverträgen von Krankenkassen und Kassenärztlichen Vereinigungen festgelegt, sogenannte „Budgets".

Ärztliche Grundvergütung
Die fachärztlichen Grundvergütungen unterliegen immer der RLV-Begrenzung.

> Ein Arzt erhält für jeden Kassenpatient eine Quartals-Pauschale, unabhängig von der Anzahl der Patientenbesuche, der Diagnose oder der Behandlung.

Das heißt, egal wie häufig ein Patient den Arzt in einem Quartal konsultiert, bekommt der behandelnde Hausarzt lediglich eine Grundpauschale.

Zu beachten ist auch, dass von dieser Vergütung nicht nur die Personalkosten der Arztpraxis zu bestreiten sind. Auch Materialkosten sind vom Arzt ebenfalls aus dem jeweiligen Kostenersatz zu bestreiten.

Nur wenige Sonderleistungen werden separat und zusätzlich vergütet.

> Die Behandlungsmöglichkeiten eines Hausarztes in einer kassenärztlichen Praxis unterliegen strengen finanziellen Einschränkungen. Die zur Verfügung stehenden finanziellen Mittel (Budgets) sind sowohl für die ärztliche Behandlung als auch für Medikamente, Hilfs- und Heilmittel (z. B. Physiotherapie) sehr knapp bemessen. Pro Patienten darf der Arzt nur einen bestimmten Betrag verordnen.

Regress

Wenn ein Arzt sein Gesamtbudget um mehr als 25 Prozent überzieht – bezogen auf die Gesamtzahl seiner Patienten, die in dem Quartal behandelt worden sind – wird er regresspflichtig. Das heißt, er muss die entstehenden Mehrkosten der Krankenkasse aus seiner eigenen Tasche bezahlen, beziehungsweise werden ihm diese Mehrkosten direkt von seinem Behandlungshonorar abgezogen.

Patienten mit chronischen Krankheiten sind aufgrund höherer Besuchsfrequenz in der Folge für die Arztpraxis unwirtschaftlich. Der Arzt muss daher betriebswirtschaftlich und unternehmerisch abwägen, welcher Patient Behandlungen, Therapien und Medikamente verordnet bekommt.

Allgemeine Krankenhausleistungen

Die voll- und teilstationären Leistungen der allgemeinen (somatischen) Krankenhäuser werden über das Diagnosis Related Groups, kurz **DRG-System** genannt, vergütet (§ 17b Krankenhausfinanzierungsgesetz (KHG) 2001).

Einzelheiten der Vergütung der DRG-Krankenhäuser werden im Krankenhausfinanzierungsgesetz (KHG), im

Krankenhausentgeltgesetz (KHEntgG) und in der Fallpauschalenvereinbarung der Selbstverwaltungspartner geregelt.

> Vergütet werden lediglich Krankenhausleistungen, die unter Berücksichtigung der Leistungsfähigkeit des Krankenhauses im Einzelfall – nach Art und Schwere der Krankheit – für die medizinisch zweckmäßige und ausreichende Versorgung des Patienten notwendig sind.

Seit dem 1. Januar 2010 rechnen grundsätzlich alle allgemeinen Krankenhäuser in einem Bundesland ihre Leistungen zu einem landeseinheitlichen Preisniveau (Landesbasisfallwert) ab.

Mit der Fallpauschale wird die Vergütung einer definierten Erkrankung und deren Behandlung in einer bestimmten Bandbreite der Verweildauer kalkuliert. Innerhalb dieser Bandbreite wird die gleiche Pauschale unabhängig von der tatsächlichen Verweildauer des Patienten gezahlt.

Eine Fallpauschale vergütet die allgemeinen Krankenhausleistungen – unabhängig von den real entstandenen Kosten – nach der Zahl der Behandlungsfälle.

Die stationäre Versorgung ist in den vergangenen drei Jahrzehnten in besonderem Maße Gegenstand von Kostendämpfungsbestrebungen gewesen, denn sie beansprucht ein gutes Drittel der Leistungsausgaben in der gesetzlichen Krankenversicherung (GKV) und ist damit quantitativ die bei Weitem bedeutendste Leistungsart in der GKV.

2.2.9 Ausgaben der GKV

Der Schätzerkreis – bestehend aus Experten des Bundesministeriums für Gesundheit, des Bundesversicherungsamtes und des GKV-Spitzenverbandes – prognostizierte für das

Jahr 2019 GKV-Gesamt-Ausgaben in Höhe von rund **244,4 Milliarden Euro** (Statista 2019b).

Von Kritikern wird die Verwendung der finanziellen Mittel der folgenden Leistungsbereiche häufig in Frage gestellt:

18,5 Millionen Menschen sind als **Familienangehörige beitragsfrei in der GKV** mitversichert. Insgesamt wendeten die gesetzlichen Kassen **22,42 Milliarden Euro** für Familienangehörige von GKV-Mitgliedern im Jahr 2010 auf (GKV Spitzenverband 2012). Familienangehörige von Rentnern waren dabei nicht inbegriffen.

Der Bereich **Haushaltshilfe** kostete im Jahr 2010 den gesetzlichen Kassen **184,17 Millionen Euro.**

Für sogenannte **Mutter-/Vater-Kind-Kuren** betrugen im Jahr 2010 die Ausgaben der gesetzlichen Krankenversicherung **287,5 Millionen Euro** (GKV Spitzenverband 2012).

Die Kosten einer Haushaltshilfe werden von den Kassen bezahlt – während wichtige Untersuchungen, Behandlungen und Therapien für viele Betroffene GKV-versicherte Patienten mit schweren Krankheiten und Leiden verweigert bleiben. Mit Sicherheit wären aus Perspektive betroffener Patienten die finanziellen Mittel besser aufgehoben für wirklich medizinisch notwendige Behandlungen oder auch Ausgaben für den wichtigen Bereich der Vorsorge und Prävention zur Früherkennung von Krankheiten.

Fazit

GKV-versicherte Arbeitnehmer haben es nicht leicht!

Die junge und arbeitende Generation muss in der Gesetzlichen Krankenversicherung immer mehr Geld für den wachsenden Anteil der Älteren aufbringen. Da ist es problematisch, nur auf die Demografie anfällige Umlagefinanzierung zu setzen.

Die Behandlung ausschließlich nach den Grundsätzen des Wirtschaftlichkeitsgebots sowie die Rationierung,

Budgetierung und Streichung von Leistungen, führen zum Niveau einer Grundversorgung. Zahlreiche GKV-Gesundheits-Reformen haben schon heute den Bedarf nach einer privaten Absicherung massiv erhöht.

2.3 Private Krankenversicherung (PKV)

Im Jahr 2018 waren bundesweit rund 8,75 Millionen Menschen in einer privaten Krankenvollversicherung (PKV) (Statista 2019a). Daneben bestehen derzeit 25,52 Millionen private Zusatzversicherungen (Verband der privaten Krankenkassen 2018), als Ergänzung zur GKV.

2.3.1 Prinzip der PKV

Eine private Krankenversicherung kann jeder abschließen, der nicht versicherungspflichtig in der Gesetzlichen Krankenversicherung (GKV), sondern **versicherungsfrei** ist.

Anders als in der Gesetzlichen Krankenversicherung erlaubt der Gesetzgeber Privatversicherten, ihre Absicherung in großen Teilen frei zu gestalten. Die Höhe der Versicherungsbeiträge richtet sich in der PKV nicht nach dem Einkommen, sondern nach Alter, Gesundheitsstatus und den gewünschten Leistungen.

Die private Krankenversicherung unterscheidet sich mit dem Äquivalenzprinzip von demjenigen der gesetzlichen Krankenversicherung, indem eine enge Beziehung zwischen der Beitragshöhe und dem Versicherungsschutz besteht. Je umfassender der vereinbarte Versicherungsschutz, desto höher sind auch die Beiträge in der PKV.

Zu den Leistungen können beispielsweise die Chefarztbehandlung, Einzelzimmer im Krankenhaus und besondere ärztliche, zahnärztliche oder naturheilkundliche Behandlungen gehören. Der Umfang der gewünschten Leistungen wird in einem individuellen Vertrag festgelegt.

Wer privat eine Krankenversicherung abschließt, muss in aller Regel vor Vertragsabschluss detaillierte Fragen zu seinem Gesundheitszustand wahrheitsgemäß beantworten (Versicherungsaufsichtsgesetz (VAG) 2016) Relevant sind alle Erkrankungen oder Behandlungen, die im abgefragten Zeitraum liegen. Je nachdem, wie diese gefürchtete Gesundheitsprüfung ausfällt, kann der Versicherer bestimmte Leistungen von vornherein aus dem Versicherungsschutz ausschließen.

Auf Grundlage der Gesundheitsangaben und verschiedener Statistiken über Krankheitsdauer und Kosten für entsprechende Diagnosen beurteilt der Versicherer, ob ein erhöhtes Krankheitsrisiko besteht. In diesem Fall kann er einen Risikozuschlag verlangen. Gegen Beitragszuschlag werden dann alle Ursachen und Folgen der genannten Vorerkrankung mitversichert.

Ist allerdings das Krankheitsrisiko aus kalkulatorischer Sicht unverhältnismäßig hoch, kann der Versicherer die Aufnahme in die PKV sogar gänzlich verweigern.

Die meisten Ablehnungen einer Aufnahme in die PKV erfolgen wegen schwerer Vorerkrankungen der Antragsteller. Es kommt jedoch auch vor, dass Versicherungsunternehmen eine Bonitätsprüfung durchführen und im Zweifelsfall auch deswegen einen Antrag ablehnen.

Fakt ist: Meist zahlen Menschen mit Vorerkrankungen mehr als Gesunde – und ältere Versicherte bei Eintritt in die PKV mehr als jüngere. Verschlechtert sich im Laufe der Vertragslaufzeit der Gesundheitszustand eines PKV-Versicherten, hat das keine Auswirkungen auf dessen individuellen Beitrag. Eine individuelle Beitragserhöhung wegen einer Erkrankung gibt es also nicht.

2.3.2 Personenkreis

Angestellte sind grundsätzlich versicherungspflichtig und damit gesetzlich krankenversichert. Überschreiten sie jedoch mit ihrem Bruttoeinkommen die Versicherungspflichtgrenze, dürfen Angestellte in die PKV wechseln. Hier zahlen sie oft geringere Beiträge und erhalten bessere medizinische Leistungen.

Wer als Angestellter ein Arbeitnehmerverhältnis neu aufnimmt oder den Arbeitgeber wechselt und vorausschauend für die nächsten zwölf Monate ein Jahresarbeitsentgelt über der Versicherungspflichtgrenze verdient, ist sofort ab Beginn des Beschäftigungsverhältnisses frei in der Wahl zwischen GKV und PKV.

Wer als versicherungspflichtiger Arbeitnehmer eine Gehaltserhöhung erhält, durch die sein Jahresarbeitsentgelt vorausschauend für die nächsten zwölf Monate die aktuelle Versicherungspflichtgrenze übersteigt, wird dagegen erst zum nächsten 1. Januar frei in der Wahl zwischen GKV und PKV. Voraussetzung ist außerdem, dass das Einkommen auch die Versicherungspflichtgrenze des dann beginnenden Jahres übersteigt. Bei einer Gehaltserhöhung zum 1. Januar 2019 wäre also ein Wechsel in die PKV erst zum 1. Januar 2020 möglich, sofern das Einkommen auch über der dann geltenden Versicherungspflichtgrenze liegt.

Versicherungspflichtgrenze in der PKV
Die Versicherungspflichtgrenze in der Krankenversicherung ist in § 6 SGB V festgelegt. Sie wird auch Jahresarbeitsentgeltgrenze (JAE) genannt und ist ausschlaggebend, ob Arbeitnehmer der Versicherungspflicht in der GKV unterliegen oder nicht.

Die Überschreitung der JAE berechtigt, die Solidargemeinschaft der GKV zu verlassen und sich privat zu versichern.

2.3.3 Beitragsberechnung

In der PKV bestimmt sich der Beitrag nach den versicherten Leistungen sowie Alter bei Versicherungsbeginn und Gesundheitszustand bei Vertragsabschluss – also unabhängig vom Einkommen.

Das Kalkulationsprinzip der individuellen, risikogerechten Beiträge wird auch bei Ehepartnern ohne eigenes Einkommen und Kindern angewendet. In der Pflegepflichtversicherung zahlen mitversicherte Kinder keinen Beitrag.

PKV-Versicherte profitieren in Abhängigkeit des gewählten Tarifs von Beitragsrückerstattungen, wenn sie innerhalb eines Kalenderjahres keine Leistungserstattungen in Anspruch nehmen.

Unisex-Beiträge

Seit dem 21.12.2012 werden Versicherungsverträge nur noch mit einheitlichen Beiträgen für Männer und Frauen – sogenannte Unisex-Tarife kalkuliert. Unisex-Tarife wurden aufgrund eines Urteils des Europäischen Gerichtshofs eingeführt und sollen der Gleichstellung von Mann und Frau dienen.

Alterungsrückstellungen

In der PKV werden die Beiträge von Anfang an mit einem Sparanteil, der sogenannten Alterungsrück-stellung berechnet. Damit ist der Beitrag zunächst höher, als es zur Deckung der Krankheitskosten erforderlich wäre. Aus den anfangs nicht benötigten Beitragsteilen wird die Alterungsrückstellung aufgebaut. Mit zunehmendem Alter sind die anfallenden Leistungen höher als der zu entrichtende Beitrag. Die Differenz wird durch die aufgebauten Rückstellungen ausgeglichen.

2017 beläuft sich die Gesamthöhe der von der PKV gebildeten Alterungsrückstellungen insgesamt auf rund 240 Milliarden Euro.

Gesetzlicher Zuschlag

Seit Anfang 2000 gilt der gesetzliche Zuschlag in Höhe von zehn Prozent, der auf die Prämien in der Krankheitskostenvollversicherung für Personen zwischen 21 und 60 Jahren erhoben wird. Der Gesetzliche Zuschlag ist für die Altersbeitragssicherung vorgeschrieben – er soll also einer Beitragserhöhung im Alter entgegenwirken.

Arbeitgeberzuschuss zur PKV

Privat versicherte Arbeitnehmer erhalten zum Beitrag der PKV vom Arbeitgeber einen Zuschuss für den gesamten Vertrag, bis zum Höchstbetrag, den der Arbeitgeber an die GKV zahlen müsste.

Bei Familien in der PKV gibt es ebenfalls den vollen Arbeitgeberzuschuss (§ 257 SGB V 2018g). Ab 2019 beträgt der maximale Arbeitgeberzuschuss 351,66 Euro.

Neben den Beiträgen zur privaten Krankheitskostenversicherung ist auch die Krankentagegeldversicherung zuschussfähig.

Bei Arbeitsunfähigkeit über die Dauer der Gehaltsfortzahlung hinaus entfällt der Arbeitgeberzuschuss. Das Gleiche gilt für privat versicherte weibliche Arbeitnehmerinnen während des Bezugs von Mutterschafts- und Elterngeld.

Seit dem 01.01.1995 gibt es einen Arbeitgeberzuschuss zur Pflege-Pflichtversicherung (§ 61 SGB VI 1989b). Für einen Versicherten in der privaten Pflege-Pflichtversicherung ergibt sich daraus ein maximaler Arbeitgeberzuschuss von 69,20 Euro pro Monat für das Jahr 2019. Eine Ausnahme gilt für privat Pflege-Pflichtversicherte im Bundesland Sachsen, die einen maximalen Zuschuss von 46,51 Euro pro Monat im Jahr 2019 erhalten. Der Arbeitgeberzuschuss ist begrenzt auf die Hälfte des tatsächlich vom Arbeitnehmer zu zahlenden Pflegebeitrags. Er wird nur auf die private Pflege-Pflichtversicherung, nicht auf eine ergänzende Pflegeversicherung gewährt.

Steuervorteil

Seit dem Bürgerentlastungsgesetz 2010 können Beiträge für eine Krankheitskostenvollversicherung und die Pflegepflichtversicherung ohne steuerliche Höchstgrenzen als Vorsorgeaufwendungen angesetzt werden. Es werden vom Finanzamt allerdings nur die Beiträge anerkannt, die einem Kranken-Basisschutz (d. h. GKV-Niveau) entsprechen. Dies sind in der Krankheitskostenvollversicherung in der Regel zwischen 80 bis 95 Prozent des Beitrags, inkl. gesetzlicher Zuschlag und Risikozuschlag. In der Pflege-Pflichtversicherung kann der Beitrag zu 100 Prozent angesetzt werden.

Ein Steuerpflichtiger kann nicht nur seine eigenen Beiträge, sondern auch die Beiträge, die er für seine Kinder, Ehegatten oder gesetzlich eingetragenen Lebenspartner aufgewendet hat, steuerlich absetzen.

Beitragsanpassung

Durch Kostenänderungen im Gesundheitswesen, durch eine erhöhte Schadenhäufigkeit oder durch eine Verlängerung der Lebenserwartung werden Ausgabensteigerungen hervorgerufen, die in der Beitragskalkulation in vollem Umfang vorausschauend nicht berücksichtigt werden können. Diesem Veränderungsrisiko kann der Versicherer nur durch eine Beitragsanpassung Rechnung tragen.

Verschlechtert sich im Laufe der Vertragslaufzeit der Gesundheitszustand eines PKV-Versicherten, hat das keine Auswirkungen auf dessen individuellen Beitrag. Eine individuelle Beitragserhöhung wegen einer Erkrankung gibt es also nicht.

Beiträge im Alter

In der Privaten Krankenversicherung sorgt jeder für seine im Alter steigenden Gesundheitskosten selbst vor – so hatten die Privatversicherten Ende 2017 mehr als 245 Milliarden Euro an Rücklagen in der Kranken- und Pflegeversicherung gebildet. Das ist generationengerecht und unverzichtbar für unser Gesundheitssystem.

Daher sind Beitragsanpassungen in der PKV notwendig, um das Gleichgewicht zwischen Versicherungsleistungen und Beitrag auf Dauer zu erhalten. Diese sichern Ihnen einen Versicherungsschutz, der mit den immer besseren medizinischen Behandlungsmethoden und Versorgungsmöglichkeiten mitwachsen kann. Um im Rentenalter dadurch entstehende Kostensteigerungen abzudämpfen, ist im Beitrag bereits ein Zuschlag von zehn Prozent enthalten (Abschn. 2.3.3, vgl. Gesetzlicher Zuschlag). Dieser wird als Vorsorge für den medizinischen Fortschritt zusätzlich angespart.

Bezieher einer gesetzlichen Rente die privat krankenversichert sind, erhalten auf Antrag ebenfalls einen Zuschuss des Rentenversicherungsträgers auf die gesetzliche Rente. Der Beitragszuschuss für privat versicherte Rentner beträgt die Hälfte des durchschnittlichen allgemeinen Beitragssatzes inkl. Zusatzbeitrag der GKV auf die gesetzliche Rente, höchstens jedoch 50 Prozent des Krankenversicherungsbeitrags. Der Zuschuss wird zusammen mit der Rente gezahlt.

Auf Wunsch besteht für Rentner jedoch immer die Möglichkeit, innerhalb ihrer Privaten Krankenversicherung in einen Tarif mit einem höheren Selbstbehalt, anderem Leistungsspektrum oder in den Basistarif zu wechseln.

In der PKV spielen Renteneinkünfte für die Beitragsbemessung keine Rolle. Die Bezahlbarkeit der Beiträge im Alter ist für die PKV ein sehr wichtiges Ziel.

Arbeitslosigkeit

Wer einmal von der GKV zur PKV wechselt, ist grundsätzlich an diese Entscheidung gebunden. Eine Rückkehr in die GKV ist nur in bestimmten Fällen möglich:

Werden privat Krankenversicherte beispielsweise arbeitslos und beziehen Arbeitslosengeld I, II oder Unterhaltsgeld von der Bundesanstalt für Arbeit (BA), tritt in der Regel die

Krankenversicherungspflicht in der GKV ein. Für die Dauer der Arbeitslosigkeit kann die private Krankenversicherung beitragsfrei ruhend gestellt werden.

Auf Antrag können sich Arbeitslose jedoch von der Versicherungspflicht in der GKV befreien lassen. Voraussetzung ist, dass der Arbeitslose in den letzten 5 Jahren nicht gesetzlich versichert war. Der Antrag auf Befreiung ist innerhalb von 3 Monaten nach Beginn der Versicherungspflicht an die zuständige Krankenkasse zu stellen. Die BA übernimmt die Beiträge zur PKV bis zu der Höhe, die im Falle einer Pflichtversicherung an eine gesetzliche Krankenkasse zu zahlen wäre.

Standardtarif

Der Standardtarif ist ein brancheneinheitlicher Tarif bei einem privaten Krankenversicherungsunter-nehmen, dessen Versicherungsschutz vergleichbar ist mit demjenigen der gesetzlichen Krankenversicherung (GKV). Er vollzieht in der GKV vorgenommene und künftige Leistungseinschränkungen nach. Der Versicherungsumfang kann sich deshalb jederzeit durch gesetzliche Vorgaben verändern und damit verschlechtern.

Der Zugang ist beschränkt auf Personen, die bereits privat versichert sind und folgende Voraussetzungen erfüllen:

- Vollendung des 65. Lebensjahres und zehn Jahre Vorversicherungszeit in einem arbeitgeberzuschussfähigen PKV-Tarif, oder
- Vollendung des 55. Lebensjahres, Einkommen unter der Jahresarbeitsentgeltgrenze und zehn Jahre Vorversicherungszeit in einem arbeitgeberzuschussfähigen PKV-Tarif, oder
- Bezug einer Rente aus der gesetzlichen Rentenversicherung, Einkommen unter der Jahresarbeitsentgeltgrenze und zehn Jahre Vorversicherungszeit in einem arbeitgeberzuschussfähigen Tarif der PKV.

Der Beitrag für den Standardtarif darf den durchschnittlichen Höchstbeitrag in der GKV nicht übersteigen.

Der Standardtarif wurde zum 01.01.2009 für Neuzugänge geschlossen. Für den bereits vorhandenen Bestand, also für die Personen, die bis zum 31.12.2008 entsprechend der bisherigen Regelung aus der normalen Vollversicherung in den Standardtarif gewechselt sind, wird der Tarif weitergeführt. Außerdem können Personen, die vor dem 01.01.2009 eine Vollversicherung abgeschlossen haben und die o. g. Voraussetzungen erfüllen, nach wie vor in den Standardtarif wechseln. Diese Versicherten haben ab dem 01.01.2009 zudem die Möglichkeit, in den neuen Basistarif zu wechseln.

Basistarif
Der Basistarif ist ein brancheneinheitlicher Tarif, der seit 1. Januar 2009 von allen privaten Krankenversicherern angeboten wird. Die Gestaltung des Basistarifs ist vom Gesetzgeber vorgegeben. Der Beitrag im Basistarif ist begrenzt auf den allgemeinen Höchstbeitrag in der GKV und kann sich bei anerkannter Hilfebedürftigkeit halbieren. Diese Obergrenze kann sich durch eine Anhebung des Beitragssatzes in der GKV (Gesundheitsfonds) und durch eine Veränderung der Beitragsbemessungsgrenze erhöhen. Es gibt keine kostenlose Kindermitversicherung oder eine Ehegattenhöchstbeitragsbegrenzung im Basistarif.

Der Zugang ist beschränkt auf folgende Personenkreise:

- Personen, die derzeit nicht versichert sind und dem System der PKV zuzuordnen sind.
- Freiwillige GKV-Versicherte innerhalb von 6 Monaten nach Beginn der freiwilligen Versicherung.
- Personen, die vor dem 1. Januar 2009 ihre private Krankenvollversicherung abgeschlossen haben
- bei Vollendung des 55. Lebensjahres, mit der Antragsstellung auf eine Rente der gesetzlichen Rentenversicherung oder bei Hilfebedürftigkeit.

- Personen, die seit dem 1. Januar 2009 ihre private Krankenvollversicherung abgeschlossen haben.
- Personen, die im brancheneinheitlichen Standardtarif versichert sind.
- Personen, die privat vollversichert sind und wegen Nichtzahlung der Beiträge in den Basistarif umgestellt werden

2.3.4 Tarifwahl & Leistungsgarantie der PKV

In der Privaten Krankenversicherung ist der Versicherungsfall definiert als die medizinisch notwendige Heilbehandlung einer versicherten Person wegen Krankheit oder Unfallfolgen. Eine Behandlungsmaßnahme ist medizinisch notwendig, wenn es nach den objektiven medizinischen Befunden und wissenschaftlichen Erkenntnissen zum Zeitpunkt der Behandlung vertretbar war, sie als medizinisch notwendig anzusehen. Grundsätzlich ist die Leistungspflicht des Versicherers nicht auf schulmedizinische Behandlungsmethoden beschränkt.

Privatpatienten haben aus dem Behandlungsvertrag mit dem Arzt u. a. das Recht auf eine qualifizierte Behandlung, Krankheitsfrüherkennung, Befunderhebung, Diagnosestellung, Ermittlung der indizierten (angezeigten, notwendigen) Therapie, Aufklärung, Durchführung der Therapie, Anregung von Rehabilitationsmaßnahmen, mittelbare Leistungen (Einweisung, Überweisung etc.) und die Dokumentation des Behandlungsverlaufs.

Welche Leistungen die Private Krankenversicherung konkret erstattet, ergibt sich aus dem Versicherungsschein, späteren schriftlichen Vereinbarungen, den Allgemeinen Versicherungsbedingungen sowie den gesetzlichen Vorschriften.

Mit der allgemeinen Krankenversicherungspflicht wurde auch der Leistungsumfang, den der Kunde absichern muss, geregelt. Dieser muss für alle Krankheitskostenvollversicherungen, die seit 1. April 2007 abgeschlossen wurden, ambulante und stationäre Leistungen umfassen und darf einen vereinbarten Selbstbehalt von 5000 Euro nicht überschreiten. Zahnleistungen sind ausgenommen.

> Die Leistungen des Versicherungsschutzes in der PKV sind individuell und ein Leben lang vertraglich garantiert. Weder durch den Gesetzgeber, noch durch das Versicherungsunternehmen können nachträglich Leistungen willkürlich reduziert werden.

Die PKV orientiert sich – anders als in der GKV – nicht an der Regelversorgung. Ärzte und Therapeuten können ihre Privatpatienten frei von Budgetgrenzen, drohenden Regressansprüchen oder Genehmigungsvorbehalten behandeln.

In der PKV werden innovative Verfahren – sofern medizinisch notwendig und wissenschaftlich an erkannt – erstattet. Privatversicherte können durch die richtige Tarifwahl Ihren Versicherungsschutz exakt an Ihren Bedürfnissen ausrichten. Sie bestimmen selbst, welche Leistungen sie wünschen oder brauchen.

Komforttarife bieten Privatpatientenstatus erster Klasse – also Versicherungsschutz auf höchstem Niveau – ohne Selbstbeteiligungen. Dabei haben sie grundsätzlich die freie Wahl zwischen allen öffentlichen und privaten Krankenhäusern sowie Kassen- und Privatärzten.

Da in der PKV das Kostenerstattungsprinzip gilt, erhalten PKV-Versicherte für alle Leistungen eine Rechnung. Ein Privatpatient verpflichtet sich zur Zahlung der entstehenden Kosten. Die Private Krankenversicherung erstattet diese Kosten im tariflichen Umfang.

Sehr umstritten sind die Einsteigertarife. Hier sollen insbesondere junge Neukunden mit günstigen Beiträgen in die Private Krankenvollversicherung gelockt werden.

Jedoch ist der Versicherungsschutz solcher Billigtarife dann oft unzureichend.

Bei der PKV können innovative Behandlungsmethoden über die Gebührenordnung der Ärzte abgerechnet werden, die in der Regel eine deutlich höhere Vergütung darstellt als die entsprechenden Abrechnungssysteme der GKV.

Bei Zahnersatz leistet die Private Krankenversicherung – anders als in der GKV – befundunabhängig. Je nach Versicherungsvertrag werden bis zu 100 Prozent der anfallenden Kosten für hochwertigen Zahnersatz erstattet. Hierzu zählt das zahnärztliche Honorar nach Gebührenordnung der Zahnärzte (GOZ), sowie Material- und Laborkosten. Dies gilt auch für Implantate. Ausschlaggebendes Kriterium ist allein die zahnmedizinische Notwendigkeit.

Ebenso zu den Leistungen der PKV zählen wichtige hochwertige Vorsorgeuntersuchungen zur Früherkennung von Krankheiten.

Wahlleistungen

Grundsätzlich können auch Privatpatienten die allgemeinen Krankenhausleistungen – also die medizinische Versorgung durch die diensthabenden Ärzte sowie eine Unterbringung im Mehrbettzimmer des Krankenhauses in Anspruch nehmen.

Darüber hinaus bietet das Krankenhaus in der Regel Wahlleistungen an, wie zum Beispiel:

- freie Arzt/Krankenhauswahl
- Chefarztbehandlung sowie privatärztliche Behandlung durch leitende Krankenhausärzte
- Unterbringung im Ein- oder Zweibettzimmer
- hochwertige Untersuchungs-, Behandlungs- und OP-Methoden
- hochwirksame Medikamenten-, Materialversorgung

Wahlleistungen müssen zwingend vor Erbringung schriftlich in einer sogenannten Wahlleistungsvereinbarung
schriftlich mit dem Krankenhaus vereinbart werden.

Das Krankenhaus kann die Vergütung der Wahlleistungen dem Privatversicherten Patienten gesondert in Rech-
nungen stellen (§ 1 (2) Gebührenordnung für Ärzte
(GOÄ)). Die Private Krankenversicherung erstattet diese
Kosten im tariflichen Umfang.

Durch Vorlage einer Kostenübernahmeerklärung oder
Card für Privatversicherte bei der Krankenhausverwaltung
können Krankenhäuser die allgemeinen Krankenhausleistungen sowie die Kosten für die Unterbringung im Ein-
oder Zweibettzimmer direkt mit der Privaten Krankenversicherung abrechnen.

2.3.5 Vergütung Ärztlicher Leistungen

Die Gebührenordnung für Ärzte (GOÄ) bzw. Zahnärzte
(GOZ) ist die Abrechnungsgrundlage für Privatpatienten.
Auf Grundlage der GOÄ/GOZ wird die Vergütung aller ärzt-
licher Leistungen berechnet, die nicht durch die Sozialversicherung der Gesetzlichen Krankenkassen abgedeckt sind.
Der Arzt darf also keine selbst kalkulierten Preise verlangen,
sondern muss sich an die Gebührenordnung für Ärzte halten.

Bei einem Behandlungsvertrag handelt es sich um einen
so genannten Dienstvertrag, bei dem der Arzt dem Patienten
eine Behandlung nach dem Stand der medizinischen Wis-
senschaft und den Regeln der ärztlichen Kunst verspricht.
Privatpatienten erhalten von ihrem Arzt eine Rechnung.

Jede ärztliche Leistung ist in der GOÄ mit einer Nummer, einer so genannten Gebührenposition, hinterlegt.
Diese Nummer muss in der Rechnung, die der Patient von
seinem Arzt erhält, neben der jeweiligen Leistungsbeschrei-
bung aufgeführt sein.

Abhängig von der Schwierigkeit, dem Zeitaufwand und den Umständen der individuellen Behandlung kann auch der Regelhöchstsatz von 2,3 überschritten werden. Der Arzt ist damit wesentlich flexibler, um auf das persönliche Krankheitsbild, die Bedürfnisse und Wünsche des Privatpatienten einzugehen.

Mit einer schriftlichen Begründung darf der Arzt die GOÄ-Ziffern bis zum 3,5-fachen Satz der GOÄ in Rechnung stellen. Eine Abrechnung über dem 3,5-fachen Satz, dem Höchstsatz der GOÄ, ist eine Liquidierung des Arztes nur dann möglich, wenn eine gültige Honorarvereinbarung mit dem Patienten vorliegt.

Den meisten privatärztlichen Abrechnungen liegen die jeweiligen Regelhöchstsätze zugrunde. Damit werden im Durchschnitt Gebühren berechnet, die mehr als dreimal so hoch sind wie die Gebühren zur Behandlung von Versicherten der gesetzlichen Krankenversicherung.

2.3.6 Ausgaben der PKV

Jährlich zahlen die Privaten Krankenversicherungen über 27 Milliarden Euro an Versicherungsleistungen aus (Verband der privaten Krankenkassen 2018).

Und für ihre im Alter steigenden Gesundheitsausgaben sorgen die Privatversicherten selbst vor. Sie haben 247 Milliarden Euro an Rücklagen gebildet. Das entlastet die zukünftigen Generationen.

Fazit

Die Private Krankenversicherung steht für höchste medizinische Qualität und fördert Innovationen und Spitzenleistungen. Sowohl im ambulanten und stationären Bereich als auch bei Vorsorge und der Versorgung mit Arzneimitteln ist die PKV permanent bemüht, die Qualität im Sinne der Versicherten weiter zu verbessern.

PKV-Versicherte profitieren von kurzen Wartezeiten, freier Arztwahl und gutem Zugang zum medizinischen Fortschritt. Ihnen steht ein flächendeckendes Netz von Kliniken und Ärzten zur Verfügung.

Zudem fließen jedes Jahr über 33 Milliarden Euro durch Privatversicherte ins Gesundheitssystem. Dank der Einnahmen aus der Privaten Krankenversicherung können Ärzte und Krankenhäuser investieren und so den hohen medizinischen Standard sichern, von dem alle profitieren.

2.4   Vergleich GKV/PKV

Die große Mehrheit der Bevölkerung erkennt im deutschen Gesundheitssystem Merkmale einer drohenden oder teils auch bereits zu beobachtenden Zwei-Klassen-Medizin.

In verbreiteten Schlagzeilen der Medien, sowohl in vermeintlichen Experten-Tipps, wird das Nebeneinander von GKV und PKV immer wieder kritisch auf den Prüfstand gestellt und ist Gegenstand heftiger Kontroversen. Beide Systeme haben ihre Vorteile.

Deutschland hat – trotz Kritik – eines der besten Gesundheitsversorgungen. Noch! Bereits heute zeichnet sich ab, dass nicht mehr alle Leistungen für alle gesetzlich Krankenversicherten finanziert werden können.

Unabhängig von persönlichen Erfahrungen bestehen gehäuft erhebliche Vorbehalte und Vorurteile gegenüber dem Versorgungssystem. Was hält einer sachlichen Überprüfung stand? Die Gerüchteküche kennt insbesondere die Verbreitung immer wieder gern genommener Behauptungen bzw. „Falschaussagen".

- „Einmal PKV – immer PKV!"
- „Wenn Du einmal PKV versichert bist – kommst Du nie mehr zurück in die GKV!"
- „Die Beiträge steigen immer höher an und sind im Alter unbezahlbar!"

2.4.1 Leistungsvergleich

Die PKV erstattet alle medizinisch notwendigen Untersuchungen und Behandlungen im vertraglich vereinbarten Rahmen ohne Einschränkung. Den Umfang der Leistungen bestimmt der Versicherte selbst. Die Private Krankenversicherung garantiert eine Versorgung auf hohem Niveau – nach allen Regeln der ärztlichen Kunst.

Es gibt in der PKV weder Vergütungspauschalen für Ärzte noch Arzneimittelbudgets. Dadurch besteht für Mediziner kein Anreiz, Behandlungen aus finanziellen Gründen in ein neues Abrechnungsquartal zu verschieben oder ein Medikament durch ein preisgünstigeres zu ersetzen. Die PKV übernimmt beispielsweise die Kosten für alle zugelassenen Medikamente, während nicht rezeptpflichtige Medikamente von der GKV in der Regel nicht mehr bezahlt werden. Im Krankenhaus werden Privatpatienten oft vom Chefarzt behandelt, bei Heilmitteln gibt es – sofern einzelne Tarife nichts anderes vorsehen – weder Mengenbeschränkungen noch Zuzahlungen.

Den Umfang der GKV bestimmt weitestgehend der Gesetzgeber. In der GKV müssen Ärzte bei der Verordnung von Arznei-, Heil- und Hilfsmitteln zum Beispiel ein Wirtschaftlichkeitsgebot beachten, weil sie sonst regresspflichtig werden. Die Leistungen der Gesetzlichen Krankenversicherung müssen nach dem Wirtschaftlichkeitsgebot stets „ausreichend, zweckmäßig und wirtschaftlich" sein und dürfen das „Maß des Notwendigen" nicht überschreiten (Abschn. 2.2.7, vgl. Wirtschaftlichkeitsgebot). Nicht selten erleben gesetzlich Versicherte, dass am Ende eines Quartals von ihrer Arztpraxis außer in Notfällen keine Termine mehr angenommen werden. Im Hintergrund steht dabei oft, dass die niedergelassenen Ärzte zusammen nur ein gedeckeltes Gesamtbudget von den Kassen erhalten und unter sich aufteilen müssen. Der GKV-Versicherte hat keine Wahlfreiheit.

Ein Plus an medizinischer Leistung kann nur über private Zusatzversicherungen erreicht werden oder als Selbstzahler.

Die PKV honoriert besondere Serviceleistungen, bessere Qualität des persönlichen Arzt-Patienten-Gesprächs, schnelle Vergabe von Behandlungsterminen in der Regel deutlich besser, weil sie höhere Preise nach der Gebührenordnung für Ärzte (GOÄ) und Zahnärzte (GOZ) zahlt.

Eine veröffentlichte repräsentative Bevölkerungsumfrage des „Gesundheitsmonitor" der Bertelsmann-Stiftung hat gezeigt, dass in der Bevölkerung eine unterschiedliche Behandlung von Kassen- und Privatpatienten sehr deutlich wahrgenommen wird, vgl. Abb. 2.2.

Damit zeigt sich, die Bevölkerung nimmt nicht nur eine Ungleichbehandlung bei den oft als „Service- und Komfort-Merkmal" definierten Wartezeiten wahr. Diese Wahrnehmung erstreckt sich auch auf Aspekte, die die medizinische Versorgung selbst betreffen.

> Fakt ist: Der Unterschied zwischen GKV und PKV ist offensichtlich. Das Leistungs- und Versorgungsniveau der PKV ist hoch, die Wartezeiten sind kurz.

Nach Jahren der Beitragsanpassungen in der gesetzlichen Krankenversicherung und Steuerzuschüssen in Milliardenhöhe scheint das Maximum der finanziellen Belastung bald erreicht.

N=1288-1404, Antworten "ja, auf jeden Fall" oder "eher ja"

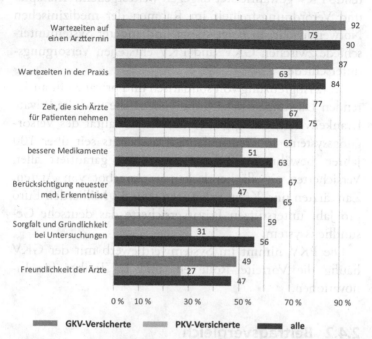

Abb. 2.2 Wahrnehmung von Merkmalen einer „Zwei-Klassen-Medizin". Bevölkerungsumfrage „Gesundheitsmonitor" (2009)

14,5 Milliarden Euro Steuerzuschuss werden von allen steuerzahlenden Bürgern der Bundesrepublik Deutschland aufgebracht. Verteilt auf derzeit 45,1 Millionen Erwerbstätige zahlt also im Durchschnitt jeder Steuerzahler ca. 321 Euro im Kalenderjahr oder ca. 26,80 Euro im Monat zusätzlich als versteckten Beitrag in das gesetzliche Krankenversicherungs-System ein. Egal ob er tatsächlich bei einer GKV versichert ist oder nicht.

Schon jetzt müssen Leistungen budgetiert oder aus dem GKV-Leistungskatalog ausgegliedert und gestrichen werden. Das bundesdeutsche Gesundheitssystem gelangt an die Grenzen seiner Leistungsfähigkeit. Die kostenerstat-

tende PKV gewährleistet dagegen weitestgehend Therapie-
und Verordnungsfreiheit im Rahmen der medizinischen
Notwendigkeit. In Folge dieser und anderer Systemunter-
schiede zwischen GKV und PKV entstehen Versorgungs-
unterschiede.

Trotz Abgrenzung von solidarisch und privat zu finanzie-
renden Leistungen sichern die Gesetzliche und die Private
Krankenversicherung gemeinsam die Qualität des Versor-
gungssystems in Deutschland. Das bereits seit über 100
Jahren bewährte „Zwei-Säulen-System" garantiert allen
Versicherten ein flächendeckendes Angebot von Ärzten,
Zahnärzten und Krankenhäusern. Mit 32 Milliarden Euro
pro Jahr unterstützen Privatversicherte das deutsche Gesundheitssystem.

Die PKV nimmt im Systemwettbewerb mit der GKV
häufig die Vorreiter-Rolle ein und ist Treiber für Innovationen.

2.4.2 Beitragsvergleich

Das Thema Beitragsexplosionen ist das meist diskutierte
Problem in Sachen Krankenversicherung. Private Krankenversicherungen gelten im Vergleich zu gesetzlichen Kassen
als teuer. Ein weitverbreitetes Vorurteil.

Kostentreiber im Gesundheitswesen sind vor allem der me-
dizinisch-technische Fortschritt und die alternde Gesellschaft.

In der GKV richtet sich die Beitragshöhe nach dem
Einkommen.

Lag der Höchstbeitrag für einen Gesetzlich Krankenversicherten im Jahr 1970 noch bei rund 50 Euro pro Monat, zahlen Mitglieder der GKV im Jahr 2019 einen monatlichen
Höchstbeitrag von 853 Euro.

Zusätzlich wird der GKV-Beitrag real oder fiktiv erhöht, durch:

- Leistungskürzungen,
- Zuzahlungen zu medizinischen Leistungen,
- Anhebung der Beitragsbemessungsgrenze,
- Erhöhung des Beitragssatzes und Einführung eines Zusatzbeitrags in der GKV.

Im Umlageverfahren der GKV werden die Einnahmen direkt für die Leistungsausgaben verwendet, es werden keine Rückstellungen für das Alter gebildet. Die höheren Kosten der Älteren müssen dabei von den Jüngeren mitfinanziert werden. Es wird keine Vorsorge für die demografische Entwicklung getroffen.

Die PKV hingegen bildet Rückstellungen für ihre Versicherten. Das heißt, In der PKV sorgt jede Generation für die höheren Kosten im Alter vor, da die Beiträge nach dem Kapitaldeckungsverfahren berechnet werden. Dabei werden die über die gesamte Versicherungsdauer zu erwartenden Kosten im Beitrag bereits berücksichtigt. In jungen Jahren werden so durch einen Sparanteil Alterungsrückstellungen aufgebaut, die zur Finanzierung der höheren Ausgaben im Alter dienen. Daher ist für die Beitragshöhe der gewählte Tarif sowie Alter und Gesundheitszustand zu Beginn der Versicherung maßgeblich.

Oft heißt es, die Beiträge der PKV würden im Vergleich zur GKV explodieren. Diese These lässt sich durch die Zahlen der letzten Jahre nicht belegen.

Betrachtet man den GKV-Beitrag und den Beitrag eines vergleichbaren PKV-Versicherungsschutzes über die gesamte Lebenszeit eines Versicherten, zeigt sich: Die

Beitragsbelastung in der PKV – inklusive der Beiträge für Kinder – ist häufig sogar niedriger als in der GKV, vor allem dann, wenn beide Ehepartner dauerhaft berufstätig sind.

In der PKV ist die Mitversicherung der Kinder ab Geburt und ohne Gesundheitsprüfung möglich. Kinder erhalten zu „Kinder-Beiträgen" dieselbe optimale Behandlungs- und Versorgungsqualität wie der Elternteil.

Mit der Beitragsgarantie ist das so eine Sache. Meine Meinung: Lassen Sie sich von niemanden erzählen, es gäbe dauerhaft stabile Beiträge.

> Fakt: dauerhaft stabile Krankenversicherungsbeiträge – das gibt es nicht. Weder in der GKV, noch in der PKV.

Die Krankenversicherungsbeiträge steigen in beiden Systemen u. a. aufgrund des medizinischen Fortschritts und der steigenden Lebenserwartung. Der Krankenkassenbeitrag bleibt im Gegensatz zur PKV vielleicht optisch stabil, wird aber durch zahlreiche Reformgesetze und Leistungskürzungen, Einführung von Zuzahlungen und Erhebung von Zusatzbeiträgen sukzessive erhöht.

Der PKV-Verband hat kürzlich mitgeteilt, dass laut einer Hochrechnung die Beiträge zur privaten Krankenversicherung (PKV) 2019 im Schnitt um 1,9 Prozent höher ausfallen.

Im Durchschnitt der Jahre 2009 bis 2019 sind die Beiträge in der PKV um jährlich 2,8 Prozent erhöht worden, in der gesetzlichen Krankenversicherung dagegen um 3,3 Prozent.[1] (vgl. Abb. 2.3).

---

[1] Berechnungen des WIP auf folgender Datenbasis: GKV: BMG (Versicherte: KM6-Statistik, Einnahmen; KF18Bund; 2018 und 2019 jeweils extrapoliert lt. Schätzerkreis des BVA). PKV: BaFin Nw230 (Beitragseinnahmen KKV), PKV-Statistik 4 (Vollversicherte PKV; Beihilfeberechtigte zu 40 %), 2018 und 2019 extrapoliert.

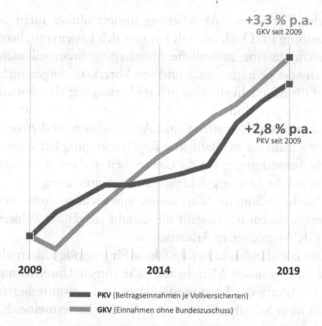

+3,3 % p.a.
GKV seit 2009

+2,8 % p.a.
PKV seit 2009

2009   2014   2019

██ **PKV** (Beitragseinnahmen je Vollversicherten)
██ **GKV** (Einnahmen ohne Bundeszuschuss)

Abb. 2.3 Beitragsentwicklung der PKV und GKV im Vergleich. Berechnungen des WIP

Fakt: PKV-Beiträge steigen weniger als in der GKV.

Fazit

Die meisten Arbeitnehmer können sich das Krankenversicherungssystem aufgrund Ihres Einkommens nicht frei auswählen und sind per Gesetz der Gesetzlichen Krankenversicherung zuzuordnen.

Das Kapitel zeigt neben dem Systemvergleich, die Entstehung und Historie der gesetzlichen Krankenversicherung und die Ursachen für heutige und künftige Versorgungslücken. Kassenpatienten zahlen immer mehr aus eigener

Tasche. Die Private Absicherung nimmt immer mehr an Bedeutung zu. Doch oftmals können sich kassenversicherte Beschäftigte eine zusätzliche Absicherung finanziell nicht leisten oder sie hätten aufgrund von Vorerkrankungen nicht mehr die Möglichkeit, eine private Versorgung zu erhalten.

Die Folgen sind fatal und schädigen die Produktivität von Betrieben. Betroffene sind Arbeitnehmer und Arbeitgeber – denn die medizinische Regelversorgung hat verheerende Auswirkungen auf die Gesundheit und somit zwangsläufig auf die Leistungsfähigkeit der Arbeitnehmer.

Durch verlängerte Wartezeiten auf wichtige Arzt- und Operationstermine, besteht die Gefahr steigender Fehlzeiten GKV-versicherter Arbeitnehmer.

Der entscheidende Erfolgsfaktor für gesunde Unternehmen sind gesunde Mitarbeiter. Wie sorgen Unternehmer zur Erhaltung der Leistungsfähigkeit und Leistungsbereitschaft ihrer Mitarbeiter vor – um Ausfälle zu vermeiden?

Literatur

Die Bundesregierung (Hrsg.) (2018). Neue Rechengrößen beschlossen. https://www.bundesregierung.de/breg-de/aktuelles/neue-beitragsbemessungsgrenzen-1535600. Zugegriffen: 9. Januar 2019

Gesundheitsmonitor (03/2009). Gerd Marstedt. Gütersloh: Bertelsmannstiftung.

GKV Spitzenverband (Hrsg.) (2012). Ganz normal für die gesetzlichen Kassen: Über 18 Mio. Familienangehörige beitragsfrei mitversichert. https://www.gkv-spitzenverband.de/media/dokumente/presse/pressemitteilungen/2012/PM_2012-03-30_Ganz_normal_GKV_-_Familien_19311.pdf. Zugegriffen: 9. Januar 2019

IGeL-Monitor/MDS (Hrsg.) (2018). IGeL-Report 2018. https://www.igel-monitor.de/fileadmin/Downloads/Presse/2018_05_03_PK_IGEL-MONITOR/18_05_03_IGeL_Report_2018_Kurzbericht.pdf. Zugegriffen: 9. Januar 2019

Krankenhausfinanzierungsgesetz (KHG) (2001). Gesetz zur wirtschaftlichen Sicherung der Krankenhäuser und zur Regelung der Krankenhauspflegesätze (Krankenhausfinanzierungsgesetz – KHG) § 17b Einführung eines pauschalierenden Entgeltsystems für DRG-Krankenhäuser, Verordnungsermächtigung. https://www.gesetze-im-internet.de/khg/__17b.html. Zugegriffen: 9. Januar 2019

Sozialgesetzbuch (SGB) V (2018a). § 5 SGB V Versicherungspflicht. https://www.sozialgesetzbuch-sgb.de/sgbv/5.html. Zugegriffen: 9. Januar 2019

Sozialgesetzbuch (SGB) V (2018b). § 6 SGB V Versicherungsfreiheit. https://www.sozialgesetzbuch-sgb.de/sgbv/6.html. Zugegriffen: 9. Januar 2019

Sozialgesetzbuch (SGB) V (2018c). § 242 SGB V Zusatzbeitrag und § 242a SGB V Durchschnittlicher Zusatzbeitragssatz. https://www.sozialgesetzbuch-sgb.de/sgbv/242.html und https://www.sozialgesetzbuch-sgb.de/sgbv/242a.html. Zugegriffen: 9. Januar 2019

Sozialgesetzbuch (SGB) V (2018d). § 28 SGB V Ärztliche und zahnärztliche Behandlung. https://www.sozialgesetzbuch-sgb.de/sgbv/28.html. Zugegriffen: 9. Januar 2019

Sozialgesetzbuch (SGB) V (2018e). § 12 SGB V Wirtschaftlichkeitsgebot. https://www.sozialgesetzbuch-sgb.de/sgbv/12.html. Zugegriffen: 9. Januar 2019

Sozialgesetzbuch (SGB) V (2018f). § 87b SGB V Vergütung der Ärzte (Honorarverteilung). https://www.sozialgesetzbuch-sgb.de/sgbv/87b.html. Zugegriffen: 9. Januar 2019

Sozialgesetzbuch (SGB) V (2018g). § 257 SGB V Beitragszuschüsse für Beschäftigte. https://www.sozialgesetzbuch-sgb.de/sgbv/257.html. Zugegriffen: 9. Januar 2019

Sozialgesetzbuch (SGB) VI (1989a). Gesetzliche Rentenversicherung – (Artikel 1 des Gesetzes v. 18. Dezember 1989, BGBl. I S. 2261, 1990 I S. 1337) § 68 Aktueller Rentenwert. https://www.gesetze-im-internet.de/sgb_6/__68.html. Zugegriffen: 9. Januar 2019

Sozialgesetzbuch (SGB) VI (1989b). Gesetzliche Rentenversicherung (Artikel 1 des Gesetzes v. 18. Dezember 1989, BGBl. I S. 2261, 1990 I S. 1337) § 61 Ständige Arbeiten unter Tage.

https://www.gesetze-im-internet.de/sgb_6/__61.html. Zugegriffen: 9. Januar 2019

Specht (Hrsg.) (2018). IGEL-Leistungen – alles Kokolores?. http://www.doktor-specht.de/2018/05/04/igel-leistungen-alles-kokolores/. Zugegriffen: 9. Januar 2019

Statista (Hrsg.) (2019a). Anzahl der Mitglieder und Versicherten der gesetzlichen und privaten Krankenversicherung in den Jahren 2012 bis 2018 (in Millionen). https://de.statista.com/statistik/daten/studie/155823/umfrage/gkv-pkv-mitglieder-und-versichertenzahl-im-vergleich/. Zugegriffen: 9. Januar 2019

Statista (Hrsg.) (2019b). Ausgaben der gesetzlichen Krankenversicherungen (GKV) und Einnahmen des Gesundheitsfonds in den Jahren 2009 bis 2019 (in Milliarden Euro). https://de.statista.com/statistik/daten/studie/73331/umfrage/einschaetzung-der-einnahmen-und-ausgaben-der-gkv/. Zugegriffen: 9. Januar 2019

Verband der privaten Krankenkassen PKV (Hrsg.) (2018). Zahlen und Fakten. https://www.pkv.de/service/zahlen-und-fakten/. Zugegriffen: 9. Januar 2019

Versicherungsaufsichtsgesetz (VAG) (2016). Gesetz über die Beaufsichtigung der Versicherungsunternehmen (Versicherungsaufsichtsgesetz – VAG) § 146 Substitutive Krankenversicherung. http://www.gesetze-im-internet.de/vag_2016/__146.html. Zugegriffen: 9. Januar 2019

Weiterführende Literatur

Bundesministerium für Justiz und Verbraucherschutz (Hrsg.) (2016). § 1 (2) Gebührenordnung für Ärzte (GOÄ). https://www.gesetze-im-internet.de/go__1982/BJNR015220982.html. Zugegriffen: 9. Januar 2019

3

Betriebliches Gesundheitsmanagement (BGM)

Das betriebliche Gesundheitsmanagement (BGM) sollte in jedem Betrieb integraler Bestandteil der Unternehmenskultur sein.

Daher ist es wichtig, die Unternehmensleitung sowie – je nach Betriebsgröße – weitere interne Koordinatoren wie Personalrat, Head of HR, Betriebsrat, BGM-Manager und Betriebsarzt frühzeitig einzubinden.

Im Bereich BGM gibt es endlos viele Anbieter und Akteure, jede Menge Literatur und unzählige Maßnahmen. Viele Unternehmen verwalten ein Sammelsurium an Einzelmaßnahmen.

3.1 Definition & Ziel

Ziel des betrieblichen Gesundheitsmanagements ist, die Gesundheitsbelastungen der Beschäftigten von Unternehmen zu reduzieren und die persönlichen Ressourcen

© Springer Fachmedien Wiesbaden GmbH, ein Teil von
Springer Nature 2019
M. Scherbaum, *Gesundheit für alle – Revolution der betrieblichen
Gesundheitsversorgung*, Fit for Future,
https://doi.org/10.1007/978-3-658-26729-2_3

zu stärken. Durch gute Arbeitsbedingungen und Lebensqualität am Arbeitsplatz wird auf der einen Seite die Gesundheit und Motivation der Belegschaft nachhaltig gefördert und auf der anderen Seite die Produktivität, Produkt- und Dienstleistungsqualität und Innovationsfähigkeit eines Unternehmens erhöht. **Es werden nachhaltige Voraussetzungen angestrebt, für eine dauerhafte Leistungsfähigkeit.**

Betriebliches Gesundheitsmanagement verfolgt zwei Strategien:

1. Verhältnisprävention: Gesundheitsförderliche Veränderung der Arbeits- und Organisationsgestaltung
2. Verhaltensprävention: Befähigung der Beschäftigten zu einem gesundheitsförderlichen Verhalten

Für den Gesundheitsbegriff gibt es eine Vielzahl unterschiedlicher Definitionen. Die wohl bekannteste Definition von Gesundheit wurde durch die Weltgesundheitsorganisation (WHO) beschrieben:

„Gesundheit ist ein Zustand vollkommenen körperlichen, geistigen und sozialen Wohlbefindens und nicht allein das Fehlen von Krankheit und Gebrechen."(vgl. Abschn. 1.3)

3.2 Bereiche des BGM

Grundsätzlich liegt das Betriebliche Gesundheitsmanagement (BGM) in der Verantwortung des Arbeitgebers. Grundlage des BGM ist die gesetzliche Verpflichtung des Arbeitgebers zum

- **Arbeitsschutz (ArbSchG)** zur Gewährleistung und Verbesserung von Sicherheit und Gesundheitsschutz

- **Betriebliches Eingliederungsmanagement (BEM)** zur Vorbeugung und Überwindung von Arbeitsunfähigkeit.

Innerhalb des BGM bietet der Bereich

- **Betriebliche Gesundheitsförderung (BGF)** freiwillige Leistungen durch den Arbeitgeber für die Mitarbeiter (siehe Abb. 3.1).

Seit dem 1. Januar 2008 wird die Förderung der Mitarbeitergesundheit zudem unbürokratisch steuerlich unterstützt (§ 3 Nr. 34 Einkommensteuergesetz (EStG)). Steuerfrei sind zusätzlich zum ohnehin geschuldeten Arbeitslohn erbrachte Leistungen des Arbeitgebers zur Verhinderung und Verminderung von Krankheitsrisiken und zur Förderung der Gesundheit in Betrieben, die hinsichtlich Qualität, Zweckbindung, Zielgerichtetheit und Zertifizierung den

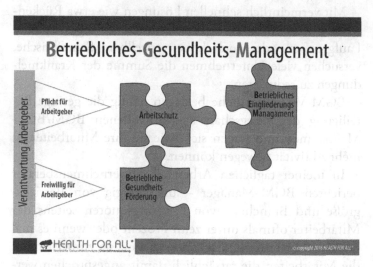

Abb. 3.1 Betriebliches Gesundheitsmanagement

Anforderungen der §§ 20 und 20b des Fünften Buches Sozialgesetzbuch genügen, soweit sie 500 Euro im Kalenderjahr nicht übersteigen.

Um vor allem kleine und mittelständische Unternehmen (KMU) mit Leistungen zur betrieblichen Gesundheitsförderung zu erreichen, weiten seit 2016 die Krankenkassen laut Präventionsgesetz ihr Engagement aus. So werden die Präventionsausgaben der gesetzlichen Krankenversicherung von 3,09 Euro auf sieben Euro pro Person erhöht – davon sollen mindestens zwei Euro jährlich pro Versicherten für Leistungen zur betrieblichen Gesundheitsförderung ausgegeben werden.

Diverse Akteure analysieren und beraten zu Arbeitsplatzsituationen und bieten in Betrieben Programme zur Förderung der Gesundheit an. Meist zählen zu den Inhalten der Gesundheitstage die Themenbereiche Psychische Belastung, Bewegung und Ernährung. Sie wirken oftmals nur kurzfristig.

Mit vermeintlich schnellen Lösungen wie etwa Rückenschule, Zuschüsse zum Fitnessstudio, bewegte Pausen, Laufgruppen oder auch höhenverstellbare Schreibtische, versuchen viele Unternehmen die Summe der Krankmeldungen zu reduzieren.

BGM-Verantwortliche beklagen häufig die geringe Beteiligung der Belegschaft an vorhandenen BGM/BGF-Maßnahmen und fragen sich, wie sie ihre Mitarbeiter zu mehr Aktivität bewegen können.

In meiner täglichen Arbeit als Unternehmensberater berichten BGM-Manager – unabhängig von Betriebsgröße und Branche – von Nutzungsquoten seitens der Mitarbeiter oftmals unter zehn Prozent oder wenn es mal gut läuft 20 Prozent. Zudem erreichen sie zumeist nicht die Mitarbeiter, die tatsächlich damit angesprochen werden sollten.

Gut gemeinte Angebote an BGM/BGF-Maßnahmen verpuffen meist aufgrund fehlender Attraktivität und Nachhaltigkeit. Hand aufs Herz: Wer kennt das nicht!

> Fakt ist: Obstkorb und Gesundheitstag reichen schon lange nicht mehr aus und machen noch kein Gesundheitsmanagement.

Fazit

Es kommt nicht darauf an möglichst viele Angebote zu implementieren. Viel wichtiger ist es den Arbeitnehmern ein nachhaltiges Gesundheitskonzept zu bieten, mit hoher Akzeptanz und hoher Inanspruchnahme seitens der Belegschaft.

BGM/BGF erfordert in der Verantwortung der Arbeitgeber ein Gesamtkonzept, das auf alle Bereiche der Kap. 1 bis 3 positiven Einfluss nimmt.

Kurzum: Deutschlands Unternehmen müssen reagieren und alte Denkweisen verändern, indem sie vermehrt Wert auf ein funktionales Gesundheitsmanagement legen.

Zur Vollendung des angekündigten Gesamt-Puzzle-Bildes stelle ich im folgenden Finalkapitel einen wesentlichen Puzzlebaustein einer ganzheitlichen gesunden Unternehmenskultur vor.

Es verspricht innovative Lösungen mit hoher Akzeptanzquote, nachhaltiger Wirkung und ökonomischen Vorteilen – durch dauerhafte Leistungsfähigkeit der Mitarbeiter.

Gesunde Mitarbeiter = gesundes Unternehmen

In vielen Fällen von Unternehmen, Arbeitgebern und Personalverantwortlichen noch nicht bekannt oder zunächst falsch verstanden.

4

Betriebliche Krankenversicherung (bKV)

Die Betriebliche Krankenversicherung (bKV) stellt als freiwillige Leistung von Arbeitgeberseite die „Kür" innerhalb des Betrieblichen Gesundheitsmanagements dar (siehe Abb. 4.1).

Ziel der bKV ist es, die vorhandene Firmenbelegschaft durch gesundheitsfördernde und krankheitsvermeidende bKV-Leistungen motiviert, gesund und leistungsfähig zu halten.

Dazu können Arbeitgeber mit moralischer und sozialer Verantwortung viel dazu beitragen. Denn: Insbesondere die Leistungskürzungen der gesetzlichen Krankenkassen haben den Bedarf nach einer ergänzenden Absicherung massiv erhöht (Abschn. 2.2.7, vgl. Reformbedarf und Folgen).

Doch oftmals könnten sich Beschäftigte und Familienangehörige die zusätzliche Absicherung finanziell nicht leisten oder sie hätten aufgrund von Vorerkrankungen nicht mehr die Möglichkeit, eine private Versorgung zu erhalten (Abschn. 2.3.1, vgl. Prinzip der PKV).

© Springer Fachmedien Wiesbaden GmbH, ein Teil von Springer Nature 2019
M. Scherbaum, *Gesundheit für alle – Revolution der betrieblichen Gesundheitsversorgung*, Fit for Future,
https://doi.org/10.1007/978-3-658-26729-2_4

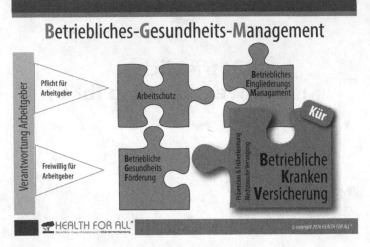

Abb. 4.1 Betriebliches Gesundheitsmanagement mit Betrieblicher Krankenversicherung

Im Rahmen einer arbeitgeberfinanzierten betrieblichen Krankenzusatzversicherung ist das aber dennoch möglich.

In vielen Fällen ist Unternehmern und Personalverantwortlichen die bKV noch nicht bekannt oder wird zunächst falsch verstanden.

4.1 Prinzip der bKV

Das Prinzip der bKV ist einfach, günstig und gleichzeitig höchst wirkungsvoll.

Die bKV ist eine Krankenzusatzversicherung als freiwillige Zusatzleistung von Unternehmen, die ihren Mitarbeitern eine bessere medizinische Gesundheitsversorgung sichert.

Folgende Varianten gibt es:

- **Arbeitgeberfinanziert (obligatorisch)**
- **Mischfinanziert**
- **Arbeitnehmerfinanziert (fakultativ)**

Marktüblich versteht sich die bKV als eine reine arbeitgeberfinanzierte und obligatorische Versorgungsform unter Federführung des Arbeitgebers.

Je nach Anbieter ist jedoch auch die gemeinsame Finanzierung (Mischfinanzierung) von Arbeitgeber und Arbeitnehmer möglich.

Bei der fakultativen bKV handelt es sich um eine rein arbeitnehmerfinanzierte Variante. Der Arbeitgeber stellt hierbei durch einen Rahmenvertrag lediglich Vergünstigungen einer bKV zur Verfügung. Der Zugang erfolgt für Mitarbeiter mit vereinfachter Risikoprüfung und Wartezeiten – ausschließlich auf freiwilliger Basis. Der Arbeitnehmer ist in diesem Fall Versicherungsnehmer und Beitragszahler.

In der Praxis wird der Ansatz der obligatorischen bKV priorisiert. Denn daran einzigartig ist, dass der Arbeitgeber für seine Mitarbeiter eine medizinische Versorgung und Behandlung auf Privatpatientenniveau ohne die sonst übliche Gesundheitsprüfung bieten kann.

Das heißt: Versicherungsschutz besteht für die gesamte Belegschaft – ohne Zugangshürden, ohne Wartezeiten – ab dem ersten Tag. Vorerkrankungen und laufende Behandlungen sind mitversichert.

Die Belegschaft wird gemeinschaftlich abgesichert – unabhängig von Alter, Geschlecht und Vorerkrankung – und die Beitragszahlung übernimmt der Arbeitgeber. Die Angebote sind sowohl für gesetzlich als auch bereits privat krankenversicherte Mitarbeiter passend.

Möglich ist die Einführung der bKV ab einer Anzahl von zehn beschäftigten Mitarbeitern – bei einigen Tarifen sogar schon für Kleinstkollektive ab fünf Angestellten. Somit ein geeignetes Personalinstrument für Kleinbetriebe, mitteständische Unternehmen, Großbetriebe und Konzerne.

Bei einer arbeitgeberfinanzierten, obligatorischen bKV-Gesamtzusage werden Leistungen vom Arbeitgeber über einen Kollektivvertrag zugesagt, ohne dass es einer ausdrücklichen Annahmeerklärung des einzelnen leistungsberechtigten Arbeitnehmers bedarf. Diese Zusage gilt im Normalfall für die komplette Belegschaft. Alle Mitarbeiter werden im Kollektiv angemeldet, d. h. es bedarf kaum Papierkram und keine Aufnahme von Versicherungsanträgen mit den Mitarbeitern. Die Anmeldung erfolgt obligatorisch über den Arbeitgeber in Form einer Mitarbeiterliste.

Arbeitgeber sind verpflichtet, das AGG einzuhalten. Das bedeutet vor allem, dass kein Arbeitnehmer aufgrund seines Alters, seines Geschlechts oder Religionszugehörigkeit usw. anders behandelt werden darf als andere. Der arbeitsrechtliche Gleichbehandlungsgrundsatz begründet einen Anspruch des Arbeitnehmers, von seinem Arbeitgeber genauso behandelt zu werden, wie ein Arbeitnehmer, der sich in einer vergleichbaren Lage befindet. Arbeitgeber dürfen also miteinander vergleichbare Arbeitnehmer nicht ohne sachlichen Grund unterschiedlich behandeln. Auch dürfen Teilzeitbeschäftigte gegenüber einem vergleichbaren Vollzeitbeschäftigten nicht diskriminiert werden. Eine unterschiedliche Behandlung darf nur aufgrund von sachlichen Gründen erfolgen. Unter Beachtung von AGG und dem arbeitsrechtlichen Gleichbehandlungsgrundsatz können Arbeitgeber demnach nach objektiven Kriterien – also keine Willkür – auswählen, welche homogenen Mitarbeitergruppen (beispielsweise leitende Angestellte, Unterscheidung Verwaltung und Produktion) von der bKV profitieren sollen.

Der Arbeitgeber entscheidet sich für ein Konzept, dass den Mitarbeitern „Top Down" direkt zu Gute kommt. Der Arbeitgeber wird Versicherungsnehmer, der Arbeitnehmer versicherte Person. Ausschließlich der Arbeitnehmer hat Anspruch auf Leistungen aus dem Versicherungsvertrag. Auch neu hinzugekommene Arbeitnehmer genießen die Vorteile bereits bestehender Gruppenverträge. Die betriebliche Krankenversicherung kann in der Regel vom Mitarbeiter nach einem Ausscheiden aus dem Unternehmen (wegen Renteneintritt oder Kündigung) privat weitergeführt werden. In diesem Fall zahlt jedoch der ehemalige Arbeitnehmer selbst die anfälligen Beiträge weiter. Bei Neueintritt bzw. Ausscheiden von Mitarbeitern werden die Verträge nach Meldung durch den Arbeitgeber entsprechend angepasst.

Für Mitarbeiter, die weitere Versorgungslücken zu günstigen Beiträgen schließen wollen, wird in der Regel optional eine zeitlich befristete Öffnungsaktion angeboten. Der Arbeitgeber öffnet sozusagen seine Sonderkonditionen des Rahmenvertrags für Mitarbeiter, die mehr wollen.

Bei einigen Tarifen ist es möglich, Familienmitglieder ebenfalls günstig mitzuversichern. So können Angehörige des Arbeitnehmers (Ehe-/Lebenspartner und Kinder) von günstigen Beiträgen sowie vom Verzicht auf Gesundheitsprüfungen oder vereinfachter Risikoprüfung profitieren. In diesem Fall ist aber der Arbeitnehmer Vertragsnehmer und auch zuständig für die Zahlung der anfälligen Beiträge.

4.2 Beitragskalkulation der bKV

Die Betriebliche Krankenversicherung ist immer ein Gruppenvertrag und wird versicherungsmathematisch als Kollektiv kalkuliert. Durch „Mengenrabatt" sind die Beiträge meist erheblich günstiger als in einer individuell abgeschlossenen Versicherung.

Obligatorische Kollektivverträge der arbeitgeberfinanzierten betrieblichen Krankenversicherung sind üblicherweise **altersunabhängig (Uniage) kalkuliert.** Der Vorteil: Während der Erwerbsphase gibt es bei der Beitragszahlung keine Altersgruppendifferenzierung. Der sogenannte Einheitsbeitrag je Mitarbeiter verspricht der Personalabteilung verwaltungsarme Prozesse und dem Arbeitgeber eine leicht verständliche Investitionsplanung.

Bereits seit Ende 2012 gibt es in der bKV nur noch **Unisex-Tarife** – also **geschlechterunabhängige Einheitsbeiträge.** Diese wurden aufgrund eines Urteils des Europäischen Gerichtshofs eingeführt und sollen der Gleichstellung von Mann und Frau dienen – oder gar des aktuell sogenannten „dritten Geschlechts".

Eine betriebliche Krankenversicherung ist nicht nur ein Luxus der großen Unternehmen, sondern ist für nahezu jeden Arbeitgeber finanzierbar. Schon für etwa zehn bis 15 Euro pro Monat und Mitarbeiter lassen sich attraktive Leistungspakete zusammenstellen

4.2.1 Steuerrechtliche Behandlung

Hinweis

Bitte beachten Sie, dass steuerliche und rechtliche Aussagen dieses Kapitels allgemeiner Natur sind und eine unabhängige und individuelle Beratung im konkreten Einzelfall nicht ersetzen können. Steuerliche Fragen darf nur ein Steuerberater oder eine ähnliche steuerrechtskundige Person beantworten. Bitte wenden Sie sich für den Einzelfall an den Steuerberater/Rechtsberater Ihres Vertrauens.

Bisher sind Beiträge zur bKV als Barlohn lohnsteuer-/und sozialversicherungspflichtig zu behandeln. Hierbei kann aus den folgenden Varianten gewählt werden:

- **Versteuerung des geldwerten Vorteils:**

  Der Arbeitnehmer versteuert selbst den geldwerten Vorteil aus Gewährung der Beiträge zur bKV und trägt die Arbeitnehmeranteile zur Sozialversicherung. Da hierbei der Arbeitnehmer wirtschaftlich belastet wird, sollte in diesem Fall auf ausdrücklichen Wunsch seitens des Mitarbeiters eine Verzichtserklärung (sogenanntes Opting-Out) möglich sein.

- **Nettolohnversteuerung:**

  Der Arbeitgeber trägt neben den Kosten des bKV-Beitrages auch die zusätzlich anfallenden Kosten zur Lohnsteuer und den SV-Abgaben. Es erfolgt somit keine wirtschaftliche Belastung des Arbeitnehmers – das bedeutet, der Mitarbeiter erhält die bKV zum Nulltarif. Eine ausdrückliche Annahmeerklärung des Arbeitnehmers ist daher nicht erforderlich.

- **Versteuerung durch Pauschalisierung:**

  Bei der Pauschalierung nach § 40 EStG übernimmt der Arbeitgeber den Beitrag zur bKV, die Sozialversicherungsabgaben und eine pauschalierte Steuer. Der Arbeitnehmer wird wirtschaftlich nicht belastet. Die Pauschalisierung ist gegenüber der Nettolohnversteuerung beim Betriebsstätten-Finanzamt jährlich zu beantragen – führt im besten Fall gegebenenfalls für den Arbeitgeber zu einer Sozialversicherungs- und Lohnsteuerersparnis.

> Fakt ist: Alle Aufwendungen zur bKV sind als Betriebsausgaben absetzbar. Die Übernahme der Arbeitnehmeranteile zur Sozialversicherung durch den Arbeitgeber sind ebenfalls in voller Höhe Betriebsausausgaben.

Die betriebliche Gesundheitsvorsorge ist daher eine vielversprechende Alternative zur Lohnerhöhung.

Nach aktueller Rechtsprechung sind Arbeitgeberbeiträge für Gewährung betrieblicher Krankenzusatzversicherung

Sachlohn, wenn der Arbeitnehmer von seinem Arbeitgeber ausschließlich Versicherungsschutz und nicht auch eine Geldzahlung verlangen kann (Bundesfinanzhof 2018).

> BFH-Urteil: Die Verschaffung von Krankenversicherungsschutz unterliegt als Sachbezug der Freigrenze 44,00 Euro/Monat i. S. des § 8 Abs. 2 Satz 11 EStG (Bundesfinanzhof 2018).

In dieser Entscheidung hat sich der Bundesfinanzhof ausdrücklich mit den Argumenten auseinandergesetzt, die im Schreiben des Bundesfinanzministeriums vom 10.10.2013 gegen die Qualifizierung bKV-Beiträge als Sachlohn angeführt wurden. Jedes Argument wurde geprüft – und jedes Argument wurde verworfen. Diese Entscheidungen müssen nun auch von der Finanzverwaltung akzeptiert werden.

Meine Erfahrung als bKV-Experte hat gezeigt, dass für Unternehmen die steuerlichen Faktoren meist überhaupt nicht der Fokus sind, sondern es handelt sich bei der Implementierung der bKV um ein bewusstes Investment in die Stärkung seines Personalkapitals.

Oftmals ist zu beobachten, dass aus Sicht der Steuerberater nur eine Empfehlung für Investitionen ausgesprochen wird, wenn sich Ausgaben auch aus Steuersicht rechnen. Somit kommt es immer wieder vor, dass von Steuerberatern die bKV ausschließlich nach Steuervorteilen untersucht und bewertet wird – und somit folglich dem Steuermandanten – dem Unternehmer – pauschalisiert die Info gegeben wird, bKV „lohne sich nicht." Der eigentliche Beweggrund der bKV-Maßnahme wird von Steuerberatern also in manchen Fällen nicht hinterfragt und das ist fatal, wenn Mandanten der Auskunft „blind folgen". Diese Sichtweise wäre kurzsichtig.

Es gibt aber auch Steuerberater und Wirtschaftsprüfer, die bKV als mächtiges Werkzeug erkennen und auch in ihrer Rolle als Arbeitgeber ihre eigenen Mitarbeiter der Kanzlei umfänglich in Sachen betrieblicher Gesundheitsförderung mit einer bKV unterstützen.

Der Benefit der bKV liegt nicht im steuerlichen Profit. Das Motto derjenigen, die es verstanden haben lautet daher: **Wert-Schöpfung durch Wert-Schätzung.**

4.2.2 Arbeitsrecht

Bei der Zusage einer obligatorischen betrieblichen Krankenversicherung handelt es sich um eine freiwillige Personalnebenleistung. Neben den Bereichen Steuer- und Sozialversicherungsrecht wirkt die arbeitgeberfinanzierte bKV auch in das Arbeitsrecht. Eine **schriftliche Fixierung** der arbeitsrechtlichen Kollektiv-Zusage seitens des Arbeitgebers empfiehlt sich – um einen dauerhaften Anspruch seitens der Arbeitnehmer aus der sogenannten betrieblichen Übung zu vermeiden. Denn: sagt der Arbeitgeber den Arbeitnehmern nicht ausdrücklich Leistungen einer betrieblichen Krankenversicherung zu, gewährt sie aber dennoch, kann sich ein dauerhafter Anspruch aus dem Rechtsinstitut der betrieblichen Übung ergeben. Eine betriebliche Übung entsteht, wenn der Arbeitgeber bestimmte Verhaltensweisen regelmäßig wiederholt und die Arbeitnehmer aufgrund dessen annehmen dürfen, dass ihnen bestimmte Leistungen auf Dauer gewährt werden.

Die Gesamtzusage – entweder in Form einer **Versorgungsordnung** oder bei Betrieben mit Betriebsrat in Form einer **Betriebsvereinbarung** – sollte transparent regeln, wer unter welchen Voraussetzungen welchen konkreten Anspruch auf betriebliche Versorgungsleistungen der bKV vom Chef erhält.

Hinweis: Bei der Ausgestaltung einer rechtlich verbindlichen Regelung und Freigabe sollte ein auf Arbeitsrecht spezialisierter Jurist/Anwalt hinzugezogen werden.

4.3   Leistungsbereiche der bKV

Aufgrund regelmäßiger Leistungskürzungen der gesetzlichen Krankenversicherungen profitieren sowohl Arbeitgeber als auch Arbeitnehmer von den zusätzlichen Gesundheitsleistungen, die zur kompletten Belegschaft passen – egal ob alt oder jung, Mann oder Frau, gesetzlich oder privat versichert, gesund oder krank.

Die bKV kann aus verschiedenen „Bausteinen" entsprechend den Wünschen und Bedürfnissen von Arbeitnehmern und Arbeitgebern zusammengesetzt werden.

Sie versteht sich als Ergänzung zur Gesetzlichen Krankenversicherung und soll Gesundheitsleistungen abdecken, die insbesondere die gesetzlichen Krankenkassen nicht oder nur zum Teil bezahlen.

Wo der staatlichen Versorgung Grenzen gesetzt sind – fängt das Leistungsportfolio der bKV erst an.

Die Tarife der bKV sind keine bloße Kopie von privaten Zusatzversicherungstarifen. Leistungen der bKV müssen den Anforderungen, Wünschen, Zielen und Mitarbeiterstruktur der Betriebe zugeschnitten sein und erfordern eine andere Funktionsweise.

Aus Sicht der Unternehmerwelt müssen betriebliche Konzepte vor allem folgende Punkte erfüllen:

- **Verwaltungsarme Prozesse**
- **Einfach & klar verständliche Leistungszusagen**
- **Hohe Erlebbarkeit**
- **Hohe Akzeptanz in der Belegschaft**

Je nach Umfang der vom Chef gewählten Zusatzleistungen erhält der Angestellte einen verbesserten Gesundheitsschutz mit Status „Privatpatient" oder vielfältige finanzielle Unterstützung zu hochwertigen Gesundheitsleitungen präventiv (vorbeugend) und kurativ (heilend).

Die Auswahl wird vollständig dem Arbeitgeber überlassen. Er schnürt sein Paket individuell und modular aus verschiedenen Leistungsvarianten nach dem Baukastenprinzip für seine Belegschaft. Je nach Anbieter hat er die Möglichkeit frei auszuwählen, aus Tarifleistungen, die höchst effizient sind:

4.3.1 Vorsorge

Regelmäßige Vorsorgeuntersuchungen sind ein wichtiges Instrument zur Gesunderhaltung.

Die Vorsorgetarife der bKV können die Gesundheit aktiv unterstützen. Sie enthalten wichtige und hochwertige Vorsorgeuntersuchungen zur Früherkennung von Krankheiten. Das besondere Extra – als perfekte Ergänzung zur Regelleistung der Gesetzlichen Krankenkassen. Gesetzliche Programme beschränken sich in der Regel auf Basis von Abtastuntersuchungen sowie zusätzlich in Diagnose- und Altersabhängigkeit. Darüber hinaus gehende, wichtige Untersuchungen – den meisten Menschen unter dem Kurzbegriff der „IGeL-Leistungen" (individuellen Gesundheitsleistungen) bekannt – werden oftmals von Ärzten auf Selbstzahlerbasis angeraten und angeboten (siehe Abschn. 3.2.7).

Zur bKV zählen je nach Tarifwahl moderne Diagnosemethoden auf Status Privatpatient – beispielsweise ambulante Ultraschallvorsorge zur Krebsfrüherkennung, erweiterte Laborwerte und EKG – bis zu Tarifen mit Leistungen zur Stressbewältigung und Burn-Out-Prophylaxe gegen psychische Belastungen. Ebenso gibt es Tarife für Ganztages-Check-Up's mit umfangreicher körperlicher Untersuchung sowie abschließendem Arztgespräch und verständlichen Abschlussbericht.

Alle Untersuchungen können beim Wunscharzt – also freie Arztwahl – in Anspruch genommen werden. Derzeit werden zwei unterschiedliche Tarifkonzepte angeboten:

- Budget: Bei Budget-Tarifen ist ein jährlicher Maximal-Betrag festgelegt – in der Regel zwischen 400 Euro bis 500 Euro – den der Mitarbeiter für Vorsorgeuntersuchungen verwenden kann. Die Leistungen werden vom Arzt dem Patienten/Mitarbeiter in Rechnung gestellt. Das heißt, der Mitarbeiter muss hier in finanzielle Vorleistung treten und die Erstattung der Kosten beim Versicherer beantragen.
- Wertgutscheine mit Direktabrechnung: Das heißt der Mitarbeiter erhält völlig kostenfrei haptische „Schecks" oder „Gutscheine" die er beim Arzt seines Vertrauens einsetzen kann zu definierten Untersuchungen auf Privatpatienten-Niveau. Das Beste daran: Die Leistungen sind absolut transparent. Der Mitarbeiter erhält keine Rechnung – denn die Abrechnung erfolgt direkt zwischen Arzt und Versicherer. Der Mitarbeiter muss also nicht in finanzielle Vorleistung treten. Einfacher geht es nicht.

Doch was ist uns unsere Gesundheit wert?

Im Bereich des Firmen-Fuhrparks werden Fahrzeuge regelmäßig zur Inspektion gebracht. Das Kundendienst-Scheckheft wird gepflegt um vorzusorgen, dass der Wagen nicht Schaden nimmt oder der Motor ausfällt.

Wird sich auch in dieser Qualität um das Personal gekümmert und vorgesorgt, dass die Arbeitskraft nicht Schaden nimmt oder der Mitarbeiter ausfällt?

> „Wer sich heute keine Zeit für seine Gesundheit nimmt, wird später viel Zeit für seine Krankheiten brauchen." (Sebastian Kneipp)

Laut Peter Oberender, Volkswirtschaftsprofessor an der Universität Bayreuth, können 76 Prozent der Ausfälle, die durch chronische Erkrankungen entstehen, durch Prävention verhindert werden.

Wussten Sie eigentlich, dass bei Frauen Brustkrebs die häufigste Krebsart ist? Bereits im Erwerbsalter tragen Frauen ein gewisses Risiko daran zu erkranken und somit spielt Brustkrebs eine deutlich große Rolle bei den Ursachen von Arbeitsunfähigkeit.

Bei Männern ist Prostatakrebs die häufigste bösartige Krebsart. Mit rund 65.000 Neuerkrankungen jährlich ist es umso wichtiger, den Prostatakrebs frühzeitig zu entdecken. Männer zählen zu den „Vorsorgemuffeln", denn nur jeder vierte Mann geht derzeit zur Vorsorge. Grundsätzlich gilt, dass sich In den letzten 30 Jahren die Vorsorge und medizinische erheblich verbessert haben.

Laut Dr. med. Frank Schiefelbein (Urologe, Mitbegründer und Vorstand der Prostata Hilfe Deutschland) entstehen die meisten Prostatakarzinome bereits 15 bis 25 Jahre vor ihrer klinischen Entdeckung. PSA-basierte Früherkennung ermöglicht im Schnitt die etwa 5 bis 7 Jahre frühere Diagnosestellung. Der PSA-Anstieg gilt neben weiteren Parametern der ärztlichen Untersuchung als ein wichtiges Frühwarnzeichen in der erweiterten Diagnostik.

Fakt: Lediglich der Abtastbefund gehört zur Regelleistung der Gesetzlichen Krankenkassen ab Alter 45. Die PSA-Bestimmung sowie bildgebende Untersuchungsverfahren zählen nicht zum Umfang des Leistungskatalogs der Kassen. Im Rahmen der bKV-Vorsorge hingegen kann der Arzt auch eine erweiterte Krebsvorsorge durchführen, welche im Rahmen der meisten Vorsorgetarife unabhängig vom Alter zum Leistungsumfang zählen.

Krebs geht uns alle an. Jährlich sterben allein in Deutschland 25.999 Menschen an den Folgen einer Darmkrebserkrankung. Dabei kann man kaum einer Krebsart so leicht vorbeugen. Durch rechtzeitige Früherkennung könnten nahezu alle Darmkrebsfälle verhindert oder geheilt werden.

Fazit

Vorsorge kann helfen, Krankheiten frühzeitig zu erkennen und damit die Chance auf Heilung erhöhen. Die logische Konsequenz daraus: je mehr Mitarbeiter Vorsorgeuntersuchungen nutzen desto leistungsfähiger ist die Belegschaft auf lange Sicht.

Viele Experten appellieren zur Vorsorge – und so auch meine Meinung: Prävention ist die beste Therapie. Vorsorge kann Leben retten!

4.3.2 Ambulant und Zahnmedizin

Versorgungslücken, die viele Mitarbeiter kennen werden, finden sich vor allem im ambulanten und zahnmedizinischen Bereich. Hier müssen GKV-Versicherte teils hohe Eigenbeteiligungen tragen.

Die Bausteine der bKV dienen in erster Linie der Absicherung von Risiken der Zuzahlungen. Je nach Tarif werden dem Arbeitnehmer Kosten erstattet, beispielsweise für ärztlich verordnete:

- Arzneimittel & Verbandmittel (auch nicht verschreibungspflichtige Medikamente)
- Hilfsmittel (Bandagen, Einlagen, Sauerstoffgeräte, Hörgeräte, orthopädische Maßschuhe, u.v.m.)
- Heilmittel (Massagen, Krankengymnastik, Osteopathie, Bestrahlungen, Ergotherapie, u.v.m)
- Sehhilfen (Brillen, Kontaktlinsen, Sonnenbrillen mit Sehstärke, Bildschirmarbeitsbrillen)
- Heilpraktiker (Untersuchungs- und Behandlungsmethoden nach GebüH, Arznei-/Heilmittel)
- Zahnbehandlung (zum Beispiel: Kunststofffüllungen, Inlays, Wurzel-, Parodontose-Behandlungen)

- Zahnersatz (zum Beispiel: Kronen, Brücken, Prothesen, Implantate)
- Kieferorthopädie (zum Beispiel bei unfallbedingter medizinischer Notwendigkeit)
- Zahnprophylaxe (regelmäßige professionelle Zahnreinigung)

4.3.3 Stationär

Über die Krankenhauszusatzversicherung der bKV-Tarifwelt werden dem Arbeitnehmer stationäre Kosten erstattet, die über die allgemeinen Krankenhausleistungen hinausgehen, wie zum Beispiel folgende Wahlleistungen:

- freie Arztwahl und freie Wahl der Klinik
- Chefarztbehandlung sowie privatärztliche Behandlung durch leitende Krankenhausärzte
- hochwertige stationäre Untersuchungs-, Behandlungs- und Operations-Methoden
- Unterbringung im Ein- oder Zweibettzimmer
- Krankentransport

Generell steht das Leistungsspektrum für alle medizinisch notwendigen Krankenhausaufenthalte zur Verfügung. Es gibt jedoch auch preisgünstige Tarife, die ausschließlich bei unfallbedingten stationären Aufenthalten für stationäre Wahlleistungen leisten.

Die Erfahrung hat gezeigt, dass kurze Zugriffszeiten auf wichtige Krankenhausaufenthalte und Operationen sowie die Nutzung hochwertiger Wahlleistungen für stationäre Behandlungen helfen, Genesungszeiten und Ausfallzeiten zu verkürzen.

4.3.4 Facharztservice & Telemedizin

Ausfalltage begründen sich häufig in lange Wartezeiten auf den wichtigen Facharzttermin. Eine exakte Diagnose ist Grundlage für jede Therapie.

Über den bKV-Tarifbaustein Facharztservice erhalten alle Arbeitnehmer schneller Zugang zum Facharzt.

Die bKV-Tarife der Telemedizin ermöglichen den schnellen medizinischen Rat über den Draht – überall, idealerweise rund um die Uhr. Mitarbeiter können von unterwegs oder bequem von zu Hause ihr Anliegen digital per Telefon- oder Online-Videoanruf mit Allgemein- und/oder Fachärzten besprechen.

> Die mobile Sprechstunde überbrückt die räumliche Distanz zwischen Mitarbeiter/Patient und Arztpraxis. Dieser Service trägt dazu bei, lange Wartezeiten in Arztpraxen oder lange Wegzeiten zum Arzttermin einzusparen und reduziert somit die Abwesenheitszeiten des Mitarbeiters vom Arbeitsplatz.

4.3.5 Weitere Leistungen

- Verdienstausfall (Krankentagegeld nach Ende der Lohnfortzahlung bei Arbeitsunfähigkeit)
- Auslandsaufenthalt (zum Beispiel: Heilbehandlung sowie Krankenrücktransport und Überführung)

Arbeitgeber können sich entsprechend ihres Investitionsbudgets und ihrer Präferenzen individuell für nur einen Bereich, aber auch flexibel für die Kombination aus den verschiedenen Bausteinen entscheiden.

Im Leistungsfall brauchen Unternehmen und Personaler nichts zu tun. **Alle Leistungen aus der betrieblichen Kollektivzusage werden steuerfrei direkt vom Versicherer an den Arbeitnehmer ausbezahlt** (§ 3 Nr. 1a Einkommensteuergesetz (EStG)). Es entsteht kein Verwaltungsaufwand und der Datenschutz bleibt gewährleistet. **Der Arbeitgeber erfährt also keine Gesundheitsdaten über den Arbeitnehmer.**

Den Wert und den Nutzen einer bKV lernen die Mitarbeiter spätestens im Leistungsfall zu schätzen, wenn sie beispielsweise von dem zusätzlichen Angebot der Vorsorgeuntersuchungen, Zuschüssen zu hochwertigen Behandlungen oder dem erstklassigen Status als Privatpatient im Krankenhaus profitieren können.

Welche Leistungen der betrieblichen Krankenversicherung konkret angeboten werden und zu welchen Konditionen, unterscheidet sich von Versicherungsgesellschaft zu Versicherungsgesellschaft. Die Unterschiede können recht groß ausfallen, weshalb sich ein genauer, unabhängiger Vergleich immer lohnt. **Daher wird eine unternehmensindividuelle Beratung von bKV-Experten empfohlen.** Eine professionelle Beratung und Begleitung externer bKV-markterfahrener Partner ist unverzichtbar.

4.4   Nutzen der bKV

Wie gezielte Gesundheitsleistungen der bKV die Zufriedenheit und Leistungsfähigkeit der Beschäftigten stärken und gleichzeitig als wichtiges Werkzeug der Personalarbeit den Betrieben nutzen:

4.4.1 Sicht der Arbeitnehmer

Der Wurm muss dem Fisch schmecken. Zusatzleistungen sind begehrt. Studien zeigen, Arbeitnehmer wünschen sich die Krankenzusatzversicherung als Arbeitgeberleistung (Willis Towers Watson 2014):

Das Interesse an einer Bezuschussung von Gesundheitsleistungen durch den Arbeitgeber ist sehr groß. Mehr als die Hälfte der Arbeitnehmer finden die Option einer arbeitgeberfinanzierten Kranken-Zusatzversicherung (betriebliche Krankenversicherung) sehr interessant.

Fast 96 Prozent der Befragten würden sogar aktiv Gesundheitsvorsorge wie beispielsweise Gesundheitscheckups, Hautkrebsvorsorge oder Ernährungsberatung durchführen, wenn ihr Arbeitgeber hierfür die Kosten übernehmen würde.

> Jeder zweite Befragte ist der Meinung, dass eine Kranken-Zusatzversicherung unverzichtbar ist und die gesetzliche Krankenversicherung letztlich zukünftig nur eine (unzureichende) Grundversorgung darstellen kann.

Arbeitgeberengagement wird von der Belegschaft erwartet. Das Interesse an kostenlosen oder günstigen Angeboten über den Arbeitgeber ist sehr groß. Die Befragten begrüßen Angebote zur Gesundheitsförderung und Gesundheitsvorsorge durch den Arbeitgeber.

An erster Stelle der abgefragten betrieblichen Sozial- und Nebenleistungen steht zwar unangetastet, mit rund 68 Prozent, die betriebliche Altersversorgung (bAV), ihr folgt aber bereits an zweiter Stelle die arbeitgeberfinanzierte Kranken-Zusatzversicherung (bKV), die 53 Prozent der Befragten sehr interessant finden. Leistungen wie Benzingutscheine (37 Prozent) und Dienstwagen (22 Prozent) finden nicht den gleich hohen Anklang.

Durch die obligatorische Absicherung verzichtet die Versicherungsgesellschaft auf eine Risikoprüfung und auf etwaige Wartezeiten, so dass Leistungen sofort in Anspruch genommen werden können. Insbesondere für Mitarbeiter, die aus gesundheitlichen Gründen keine oder nur eingeschränkte Möglichkeiten haben, privat eine Kranken-Zusatzversicherung abzuschließen, ergeben sich durch die bKV neue Möglichkeiten. Unabhängig vom Gesundheitszustand des Mitarbeiters sind alle Vorerkrankungen mitversichert.

Im Unterschied zur Betrieblichen Altersvorsorge (bAV) wirken die Leistungen der betrieblichen Krankenversicherung (bKV) nicht erst in der Rentenphase, sondern bereits in der Erwerbsphase. Das kann dazu beitragen, dass der heutige Arbeitnehmer seine Rente gesund erleben kann.

4.4.2 Sicht der Arbeitgeber

Die Wirkungsfelder der bKV sind vielseitig und helfen Unternehmen in Belangen der personalpolitischen Herausforderungen positiv gegenzusteuern:

Fehlzeiten reduzieren

In erster Linie verbessert und fördert die bKV nachhaltig die Gesundheit der Mitarbeiter und kann im Ergebnis krankheitsbedingten Fehlzeiten entgegenwirken.

Die Wirkungskette kurz erklärt: durch Früherkennung können chronische Krankheiten vermieden oder rechtzeitig erkannt werden. Durch rasche Diagnostik kann zeitnah eine erforderliche medizinische Behandlung oder die erforderliche Therapie erfolgen somit werden Behandlungszeiten verkürzt. Das Ziel einer schnellen Genesung und Rückführung an den Arbeitsplatz wird durch die bKV positiv beeinflusst.

Wurde noch vor Jahren von **Absentismus** (siehe Abschn. 1.1) als Kostenfaktor gesprochen, gibt es jetzt bereits Berechnungen, dass die Kosten für **Präsentismus** (siehe Abschn. 1.1) noch deutlich höher anzusetzen sind. Aus diesem Grund macht es ökonomisch keinen Sinn, dass einige Unternehmen inzwischen mit sogenannten Anwesenheitsprämien ihre Mitarbeiter belohnen, wenn sie sich längere Zeit nicht krankmelden.

Anders hingegen wirkt die betriebliche Krankenversicherung als Benefit nachhaltig in das betriebliche Fehlzeitenmanagement. **Durch Effektivität und Effizienz in der bKV-Gesundheitsversorgung können Ausfallzeiten und Ausfallkosten gesenkt werden.**

Die Leistungen der bKV sind vertraglich garantiert – altersunabhängig. Die bessere medizinische Versorgung hilft damit auch, dass ältere Belegschaften länger leistungsfähig bleiben. Dank einer Demografie-bewussten Personalpolitik können Unternehmen die Fähigkeit und das Know-how ihrer Mitarbeiter der **„Baby-Boomer-Generation"** (vgl. Abschn. 1.1.4, vgl. Neue Generation Mitarbeiter) länger im Betrieb halten.

bKV als Benefit

Personalnebenleistungen und Benefits gewinnen an Bedeutung in der Arbeitswelt.

Gehalt ist für Talente zweitrangig. Ob sich geeignete Kandidaten für einen Arbeitgeber entscheiden, hängt immer mehr von weichen, emotionalen Faktoren ab. Bewerber nehmen heutzutage genau unter die Lupe, welche Sozialleistungen und freiwillige Benefits der Arbeitgeber erbringt. Die Ära der Dienstwagen ist als Bonus oder Anreiz überholt. Die Strahlkraft materieller Faktoren lässt nach. Auch Zusatzleistungen, wie beispielsweise Fahrtkostenzuschüsse und Diensthandy allein reichen längst nicht mehr aus. So fragen sich immer mehr Unternehmen: „Welche Nebenleistungen sind attraktiv, langfristig, werthaltig und bekommen die notwendige Erlebbarkeit und Akzeptanz seitens der Belegschaft?"

Aufgabe einer modernen und guten Personalabteilung ist, Innovationen anzustoßen, ins Unternehmen zu tragen und erfolgreich in die Zukunft zu begleiten. Agieren statt reagieren. Zusatzangebote rund um das Thema Gesundheit spielen eine immer größere Rolle.

Mit einer bKV signalisieren die Betriebe, dass sie die Bedürfnisse ihrer Mitarbeiter ernst nehmen. **Mit einer bKV als Nebenleistung erschließen sich für Personalmanager vollkommen neue Anreize zur Motivation von Mitarbeitern.**

Mitarbeiterbindung

Neben dem Gesundheitsaspekt hat die betriebliche Krankenversicherung positive Auswirkungen auf die Mitarbeiterzufriedenheit und ist ein wirkungsstarkes Instrument zur Mitarbeiterbindung. Denn gerade Gesundheitsleistungen genießen bei Arbeitnehmern einen hohen Stellenwert und bieten signifikante Mehrwerte. Mit der bKV verbessern Unternehmen die Lebenssituation ihrer Mitarbeiter und erhöhen damit die emotionale Bindung gegenüber ihnen als Arbeitgeber überproportional.

Die Betriebliche Krankenversicherung ist eine geeignete Möglichkeit, um qualifizierte Mitarbeiter zu binden und zu motivieren. Auf diese Weise können Unternehmen ihr Image in der Innenwirkung stärken. Eine starke Arbeitgebermarke wirkt nach innen und führt zu einer stärkeren Identifikation der Mitarbeiter mit ihrem Unternehmen

Ein Engagement des Arbeitgebers bei gesundheitlichen Themen wird von Arbeitnehmern in hohem Maße akzeptiert. Dies bestätigt beispielsweise eine repräsentative Umfrage der Gesellschaft für Konsumforschung (GfK): Aus Arbeitnehmersicht gehört die bKV zu den drei wichtigsten monetären Personalzusatzleistungen. Gleichzeitig ist in Unternehmen mit bKV die gefühlte Wertschätzung durch den Arbeitgeber spürbar höher und die Fluktuationsquote deutlich niedriger. Darüber hinaus steigert die bKV als Instrument zur Mitarbeitergewinnung und -bindung die Zufriedenheit und fördert damit die Leistungsbereitschaft der Mitarbeiter.

Eine wertschätzende Unternehmenskultur schafft Loyalität und Produktivität. Wertschätzung ist nicht nur ein Modewort, sondern eine echte Herausforderung für Unternehmen.

Laut Studien befinden sich viele Mitarbeiter deutscher Betriebe in innerer Kündigung oder auf der Flucht zum Wettbewerb. Maßnahmen zur Verhinderung von Fluktuation machen allein schon aus wirtschaftlichen Gründen Sinn. Die bKV hilft Fluktuation entgegenzuwirken. Mit sozialem Engagement können einerseits die Schwankungen der Zahl der Beschäftigten sowie andererseits auch die Vakanzzeit deutlich verkürzt werden.

> Die Fluktuationsquote in Unternehmen mit bKV liegt bei 3,4 Prozent vs. 7,7 Prozent in Unternehmen ohne bKV und ist damit nur halb so hoch wie im Gesamtdurchschnitt aller befragten deutschen Unternehmen (GfK 2015).

Die bestehende Belegschaft ist der größte Schatz eines Unternehmens. Wer als Arbeitgeber seine Arbeitnehmer wertschätzt und die Gesundheitsförderung in der Unternehmenskultur spürbar integriert, wird die eigenen Arbeitnehmer als authentische Fans und Botschafter für die Arbeitgebermarke gewinnen. Zufriedene Mitarbeiter empfehlen ihren Arbeitgeber häufiger weiter und ziehen so bestenfalls neue Kollegen an Bord.

Mitarbeitergewinnung
Deutschlands Arbeitgeber suchen händeringend nach Personal. Ein reines Gesuch reicht heute nicht mehr aus. Recruiting entwickelt sich zu einer zentralen HR-Disziplin.

Qualifizierte Kräfte – sogenannte High Potentials – sind stark umworben und dadurch schwierig zu rekrutieren. Eine gute Unternehmenskultur und immaterielle Leistungen sind für Unternehmen die einzige Chance, um im „War for Talents" zu bestehen.

Wer künftig aus einem großen Bewerberpool schöpfen möchte, sollte Gesundheit ganz oben auf seine Liste der

Nebenleistungen setzen. Gesundheit als Attraktivitätsmerkmal für Unternehmen. Arbeitgeber müssen Anziehungskraft erzeugen, damit sich der richtige Kandidat im richtigen Moment für sie entscheidet.

Die Betriebliche Krankenversicherung als freiwillige Sozialleistung hilft in Zeiten des häufig zitierten Bewerbermangels, den Konkurrenzkampf um passende Mitarbeiter zu gewinnen.

Mitarbeitervorteile schaffen Aufmerksamkeit beim Recruiting. Arbeitgeber mit einer betrieblichen Krankenversicherung bieten passende Argumente für die Attraktivität ihres Unternehmens.

Bewerber wollen sehen, was Firmen zu bieten haben. Natürlich müssen Betriebe ihr Versprechen auch einhalten.

Employer Branding
Die Vielfalt der Beschäftigten und sehr verschiedenartige Anforderungen der künftigen Kräfte erfordern von Unternehmen eine ergänzende Veränderung im Hinblick auf „New Work". Die zentralen Werte von „New Work" stehen für Innovation und Kreativität. Attraktive Arbeitgeberangebote im Bereich Gesundheitsförderung spielen als Erlebnisfaktor eine entscheidende Rolle.

Zur Stärkung des Employer Brandings empfiehlt es sich daher, dass Unternehmen sich Gesundheit zu Nutze machen um sich als attraktiver Arbeitgeber darzustellen und sich dadurch auf dem Arbeitsmarkt vorteilhaft zu positionieren. Daraus entwickelt sich das sozialattraktive Image des Arbeitgebers, das sogenannte Employer Brand, das bestimmt, wie der Arbeitsmarkt das Unternehmen als Marke bewertet.

Die bKV erfüllt wichtige Funktionen, um die Strategie des Employer Brandings zukunftsfest und erfolgreich aufzustellen. Für HR gilt es, eine Strategie zu entwickeln, die für

Relevanz und Differenzierung sorgt. Employer-Branding-Einheitsbrei funktioniert nicht mehr. Die Unternehmenskultur rückt als Alleinstellungsmerkmal in den Mittelpunkt der Strategie.

Eine attraktive Arbeitgebermarke zu entwickeln und sich mit dieser am Arbeitsmarkt zu positionieren, ist Ziel von Employer Branding. Gesundheitskonzepte, die über die gesetzlichen Anforderungen hinausgehen helfen dabei, das Bewusstsein potenzieller Bewerber auf die Vorzüge eines Unternehmens zu lenken.

Um das Unternehmen als interessanten Arbeitgeber im Markt zu positionieren, sollte das Benefit der Betrieblichen Krankenversicherung als wichtiger Faktor prominent beleuchtet werden. Ganz nach dem Motto: „Tue Gutes und rede darüber" – beispielsweise auf der Unternehmenswebsite, Karriereseite und in Stellenanzeigen. Dabei ist es wichtig, nach außen und innen authentisch zu bleiben.

Fast die Hälfte von 1010 befragten Bewerbern bemängelt, dass Karriere-Webseiten deutscher Arbeitgeber schlicht und einfach ihren Zweck verfehlen (Presseportal 2018). Der Analyse zufolge finden ganze 48 Prozent der Kandidaten, dass Arbeitgeber auf ihren Karriere-Seiten nur unzureichend über ihre Arbeitgeberleistungen informieren. Weitere 43 Prozent beanstanden, dass sich die Unternehmen nicht angemessen als Arbeitgeber vorstellen, sondern eher ihr Produkt- und Dienstleistungsspektrum ins Zentrum stellen. Folgerichtig haben 40 Prozent der Bewerber das Gefühl, dass sie nach dem Besuch einer Karriere-Website immer noch nicht wissen, ob ein Arbeitgeber nun zu ihnen passt oder nicht.

4.4.3 Sicht von Arbeitnehmer und Arbeitgeber

Von einer bKV profitieren Firmen mehr als gedacht – zu diesem Ergebnis kommt eine aktuelle Studie (GfK 2015).

Die Einschätzung der Wichtigkeit der einzelnen monetären Personalzusatzleistungen aus Arbeitnehmersicht und aus Arbeitgebersicht zeigt Differenzen. Von allen Personalzusatzleistungen unterschätzen Arbeitgeber die bKV mit am stärksten. Für Arbeitnehmer ist die betriebliche Krankenversicherung (bKV) die drittwichtigste Personalzusatzleistung – nach Altersvorsorge (bAV) und Vermögenwirksamen Leistungen (VWL). Die Studie belegt damit Begeisterung für die bKV.

Im Gegensatz zur betrieblichen Altersversorgung wirkt die betriebliche Krankenversicherung nicht erst in der Rentenphase, sondern bereits in der Erwerbsphase – also dann, wenn auch der Arbeitgeber noch davon profitieren kann (siehe Abb. 4.2).

Das sind die Vorteile der betrieblichen Krankenversicherung (bKV) im Überblick:

Vorteile für Arbeitnehmer
- Absicherung gegen finanzielle Auswirkungen von Gesundheitsrisiken
- Positives Benefit-Erlebnis spürbar während der gesamten Erwerbsphase und danach
- Beiträge übernimmt der Chef
- Garantierte Aufnahme ins Kollektiv
- Altersunabhängiger Versicherungsschutz
- Verzicht auf Gesundheitsfragen
- Keine Ausschlüsse
- Alle Vorerkrankungen mitversichert
- Wertvolle Zusatzleistungen
- Sofortschutz ohne Wartezeiten
- Günstige Absicherung von Angehörigen möglich
- Private Weiterversicherung möglich

Vorteile für Arbeitgeber
- Nachhaltige und hocheffektive Maßnahme im Rahmen der Betrieblichen Gesundheitsförderung

Unterschiedliche Wahrnehmung

Die Grafik zeigt die unterschiedliche Einschätzung der Wichtigkeit der einzelnen monetären Personalzusatzleistungen aus Arbeitnehmersicht und aus Arbeitgebersicht. Die größten Differenzen bestehen bei der bkV, bei Handys und bei Dienstwagen.

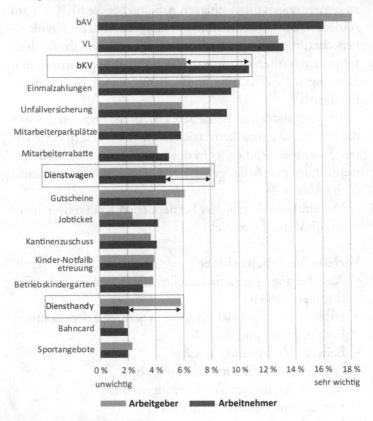

Abb. 4.2 Unterschiedliche Wahrnehmung. (Quelle: GFK 2015, Grafik modifiziert)

- Hohe Flexibilität fördert Prävention und Gesunderhaltung in der Belegschaft
- Positionierung als sozial attraktiver Arbeitgeber
- Beiträge des Arbeitgebers sind als Betriebsausgabe absetzbar
- Budget- und Planungssicherheit durch Einheitsbeiträge

- Hohe Akzeptanz und Nutzungsquoten als BGM-Maßnahme
- Wirkungsvolle Alternative zur Gehaltserhöhung
- Integriert ältere sowie gesundheitlich vorbelastete Mitarbeiter
- Einfache und verwaltungsarme Prozesse bei der Durchführung
- Stärkung der Wettbewerbsfähigkeit erleichtert Mitarbeitergewinnung
- Erhöhung der Mitarbeiterbindung
- Senkung der Ausfallzeiten und Ausfallkosten
- Stärkung des Personalkapitals

4.4.4 Betriebswirtschaftlicher und volkswirtschaftlicher Nutzen

Die Kombination aus BGM und bKV kann bei geeigneter Umsetzung neben den aufgeführten Effekten bei Arbeitgebern wie Arbeitnehmern auch zu einem übergreifenden betriebswirtschaftlichen und volkswirtschaftlichen Nutzen führen. Unternehmen profitieren durch eine höhere Produktivität.

Schließlich können sinkende krankheitsbedingte Fehlzeiten und ein längerer Verbleib der Mitarbeiter im Erwerbsleben im höheren Alter zu einer Entlastung der Sozialkassen führen. In Summe dürfte die Förderung einer Kombination aus BGM und bKV somit zu positiven volkswirtschaftlichen Effekten führen.

Fazit: Die bKV bietet nachhaltigen Nutzen. Somit ergibt sich eine echte, langfristige Win-Win-Lösung für Arbeitnehmer und Arbeitgeber.

4.4.5 Gesellschaftliche Verantwortung

Mit der bKV sorgen Unternehmen verantwortungsvoll für die Gesundheit Ihrer Mitarbeiter – mit garantierten Mehrleistungen über die gesetzlichen Anforderungen hinaus. Damit beweisen Arbeitgeber mit der obligatorischen Kollektivzusage überdurchschnittliche Fürsorge und soziales Engagement. Mit der bKV als freiwillige Sozialleistung setzen sich Arbeitgeber für das Wohlbefinden ihrer Arbeitnehmer ein und übernehmen als Firma gesellschaftliche, soziale Verantwortung im Sinne der Corporate Social Responsibility (CSR).

4.5   bKV lohnt sich

Wer sich die Frage stellt: „Können sich Unternehmen die Investitionen leisten?", erhält mit diesem Buch die Antwort: „Unternehmer können es sich nicht leisten NICHTS zu tun!".

Ich plädiere dafür: „Wer seine Mitarbeiter fordert muss sie auch fördern".

Ein elementarer Bereich ist die betriebliche Gesundheitsförderung. Denn der Erfolg eines Unternehmens baut auf Gesundheit auf. Am Ende profitieren alle von der besseren Gesundheit der Arbeitnehmer.

Ein langfristiges bKV-Investment trägt zur Veränderung der Unternehmenskultur bei. So entsteht aus dem Investment ein Werteverständnis im Unternehmen.

Mit der bKV als attraktive Maßnahme der betrieblichen Gesundheitsförderung (BGF) investieren Arbeitgeber in die Gesundheit ihrer Mitarbeiter und somit in das eigene Unternehmen.

> Meine langjährige Erfahrung als bKV-Spezialist hat gezeigt, dass ein Investment der bKV häufig schon nach kurzer Zeit messbare Effekte mit zahlreichen positiven betriebswirtschaftlichen Auswirkungen hat.

Fakt ist: Die bKV zahlt sich aus. Die bKV gilt als „intelligentes Geschenk vom Chef". Denn: nicht nur die Motivation der Mitarbeiter steigt, auch die Arbeitsfähigkeit wächst und gleichzeitig geht der Krankenstand zurück. Dies trägt dazu bei, die direkten und indirekten Kosten der Fehlzeiten zu begrenzen. Hinzu kommen noch positive Wirkungen aus der Stärkung der Arbeitgebermarke, Erhöhung der Mitarbeiterbindung und Stärkung der Produktivität.

Im Verhältnis zu anderen Benefits und Personalnebenleistungen ist der Nutzen einer bKV mit effektiven Gesundheitsleistungen außergewöhnlich. Diverse Studien sprechen von realistischen 1 zu 5 Verhältnissen (Felix Burda Stiftung und Booz & Company 2011). Die hohe gesamtwirtschaftliche Relevanz belegt auch das Rechenmodell, das Booz & Company im Rahmen einer Studie erarbeitete. Jeder Euro, der in betriebliche Prävention investiert wird, zahle sich auf volkswirtschaftlicher Ebene mit fünf bis 16 Euro aus – je nach Art und Umfang der Maßnahme.

Selbst unter vorsichtigen Annahmen ist es realistisch, dass sich die bKV binnen kürzester Zeit von selbst trägt. Somit hängt der wertschätzende Charakter der freiwilligen Sozialleistung des Arbeitgebers im Zusammenhang mit der Wertschöpfung.

Es bleibt also festzuhalten: Nicht nur aus unternehmerischer und betriebswirtschaftlicher Sicht macht das Investment Sinn, sondern auch für alle Mitarbeiter der Firma, sowie für unsere gesamte Gesellschaft.

Jeder krankheitsbedingte Ausfall von Mitarbeitern kostet Unternehmen Geld und im schlimmsten Fall sogar Aufträge. Nur ein gesunder und motivierter Mitarbeiter kann am Erfolg des Betriebes mitwirken.

Fazit

Mit Gesundheitskonzepten der bKV im Rahmen des Betrieblichen Gesundheitsmanagements (BGM) und der Betrieblichen Gesundheitsförderung (BGF) profitieren Arbeitgeber und Arbeitnehmer von einer besseren und effektiveren medizinischen Behandlung und Versorgung – präventiv und kurativ.

Für die Arbeitnehmer bedeutet die betriebliche Krankenversicherung ein Plus an Vorsorge und die Möglichkeit, bestimmte Behandlungsmethoden in Anspruch zu nehmen. Das aktuelle System der gesetzlichen Krankenversicherung (GKV) ist nur unzureichend auf die demografischen Herausforderungen der Zukunft vorbereitet.

Nur über die obligatorische bKV können Arbeitnehmer ohne Zugangshürden und somit unabhängig von Vorerkrankungen Zugriff auf ergänzenden Gesundheitsschutz und Leistungen auf Privatpatienten-Niveau nehmen, die den gesetzlich Versicherten ansonsten vorenthalten werden.

Die bKV bietet das Potenzial, nicht nur die Erwerbstätigen und ihre Familienangehörigen mit einer zusätzlichen Absicherung zu erreichen, sondern mit der Babyboomer-Generation auch einen großen Teil der zukünftigen Rentner.

Um die Herausforderungen von Arbeitnehmern und Arbeitgebern zu meistern, bietet sich im betrieblichen Kontext die **Kombination aus den Leistungen der GKV bzw. PKV, des betrieblichen Gesundheitsmanagements (BGM) sowie der betrieblichen Krankenversicherung (bKV).** Die Instrumente ergänzen sich in sinnvoller Weise. So setzen krankheitsvermeidende Maßnahmen direkt am Arbeitsumfeld an und fördern so unmittelbar die Gesundheit am Arbeitsplatz.

Bei der bKV handelt es sich um eine funktionierende und nachhaltige Maßnahme im Gesamtbild der Gesundheitsversorgung und dient einer gesunden Unternehmenskultur (siehe Abb. 4.3).

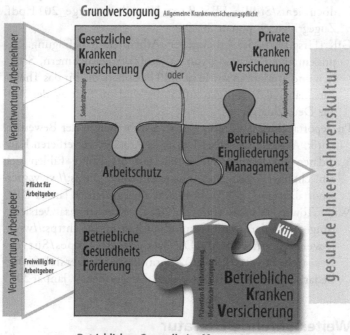

Abb. 4.3 Modell: Einordnung der betrieblichen Krankenversicherung (bKV) im Gesundheitssystem

Literatur

Bundesfinanzhof (2018). Arbeitnehmerbesteuerung: Abgrenzung zwischen Bar- und Sachlohn. https://juris.bundesfinanzhof.de/cgi-bin/rechtsprechung/document.py?Gericht=bfh&Art=pm&sid=d0d10b352dced7a9f884319784d0d0d2&nr=37672&pos=1&anz=2. Zugegriffen: 9. Januar 2019

Felix Burda Stiftung, Booz & Company (Hrsg.) (2011). Vorteil Vorsorge – Die Rolle der betrieblichen Gesundheitsvorsorge für die Zukunftsfähigkeit des Wirtschaftsstandortes Deutschland. https://www.felix-burda-stiftung.de/sites/default/files/

documents/Studie_FBS_Booz_Vorteil_Vorsorge_2011.pdf. Zugegriffen: 9. Januar 2019

GfK (Hrsg.) (2015). Arbeitgeber-/Arbeitnehmerbefragung. Repräsentative Befragung von ca. 2.600 Arbeitnehmern, Schülern und Studenten sowie ca. 600 Personen, die für das Thema Personalzusatzleistungen zuständig sind im Auftrag der Allianz Deutschland.

Presseportal (Hrsg.) (2018). Karriere-Webseiten in der Bewerberkritik. Aktuelle Bewerber-Umfrage: Arbeitgeber verlieren Kandidaten auf Karriere-Webseiten, fast die Hälfte fühlen sich schlecht über Arbeitgeber-Inhalte informiert. https://www.presseportal.de/pm/128831/4140208. Zugegriffen: 9. Januar 2019

Willis Towers Watson (Hrsg.) (2014). Krankenzusatzversicherung – Bedarf an Gesundheitsleistungen. https://www.towerswatson.com/de-DE/Insights/IC-Types/Survey-Research-Results/2014/02/Krankenzusatzversicherung-Bedarf-an-Gesundheitsleistungen. Zugegriffen: 9. Januar 2019

Weiterführende Literatur

Bundesministerium für Justiz und Verbraucherschutz (Hrsg.) § 3 Nr. 34 Einkommensteuergesetz (EStG). http://www.gesetze-im-internet.de/estg/__3.html. Zugegriffen: 9. Januar 2019

Bundesministerium für Justiz und Verbraucherschutz (Hrsg.). § 3 Nr. 1a Einkommensteuergesetz (EStG). https://www.gesetze-im-internet.de/estg/__3.html. Zugegriffen: 9. Januar 2019

5

Ausblick

Die steigende Komplexität der Tagesarbeit von Unternehmern, zunehmende Herausforderungen auf Arbeitgeberseite, steigende Ansprüche der Bewerber und Mitarbeiter, sowie die Qualität der zur Verfügung stehenden Gesundheitsversorgung von Beschäftigten nimmt großen Einfluss auf Unternehmen und Personal.

Betriebliche Krankenversicherung wird als zukunftsweisende Personalnebenleistung zunehmend fester Bestandteil im Vergütungsmix vieler Arbeitgeber und bietet konkrete Antworten auf die aktuellen personalpolitischen Herausforderungen.

Gesundheit ist das wichtigste Gut! Mit Blick auf die nächsten drei Jahre ist für fast alle Befragten einer Studie die Gesundheit der wichtigste Faktor (StepStone 2018). Gesundheit, Partnerschaft und Familie sowie die persönliche Entwicklung haben einen gleichen oder höheren Stellenwert als die Karriere.

© Springer Fachmedien Wiesbaden GmbH, ein Teil von
Springer Nature 2019
M. Scherbaum, *Gesundheit für alle – Revolution der betrieblichen
Gesundheitsversorgung*, Fit for Future,
https://doi.org/10.1007/978-3-658-26729-2_5

An dieser Stelle greife ich nochmals auf mein Eingangs-
zitat des Vorwortes zurück:

„Ohne gesunde und motivierte Mitarbeiter ist alles nichts."

Mitarbeiter sind und bleiben immer Dreh- und Angel-
punkt im Unternehmen. Den Erfolgsfaktor Mensch mit
betrieblichen Gesundheitsleistungen nachhaltig zu stärken,
gewinnt in den Unternehmen eine immer größere
Bedeutung. Mit dem passenden Konzept ist die betriebliche Gesundheit weit mehr als ein Employer-Benefit. Sie
sorgt nicht nur für eine gesündere Belegschaft, sondern steigert die Produktivität.

Gesundheit ist der Treibstoff, der ein Unternehmen leistungsfähig hält. Die bKV hilft Unternehmern und Mitarbeitern dabei, Ihre Zukunft gesund planen zu können. In
vielen Organisationen lösen sich traditionelle Strukturen
und Denkmuster auf, vorhandene Prozesse werden genauer
betrachtet und neue Möglichkeiten und Wege geprüft. Unternehmen mit bKV haben die Nase vorne und haben ihrem Mitbewerber den entscheidenden Schritt voraus.

> **Meine Botschaft an Unternehmer und
> Personalverantwortliche**
>
> Sichern Sie sich einen Wissensvorsprung der sich lohnt und
> übernehmen Sie aktiv die Regie für Ihren zukünftigen Erfolg
> mit der betrieblichen Krankenversicherung. Erklären Sie die
> Gesundheit der Mitarbeiter zur Chefsache. Sie können heute
> schon damit beginnen ihrer Belegschaft die Tür zur Spitzen-
> medizin zu öffnen. Ihre Mitarbeiter werden es Ihnen dan-
> ken.
>
> Gesundheit ist das „A und O". Die bKV ist vielmehr als eine
> Zusatzversicherung und vielmehr als nur ein Baustein zum
> betrieblichen Gesundheitsmanagement.
>
> Die betriebliche Krankenversicherung ist prädestiniert als be-
> deutendes „Puzzleteil" der Gesundheitsabsicherung – neben

Gesetzlicher bzw. Privater Krankenversicherung – und kann damit nachhaltig helfen, zukünftigen Finanzierungsproblemen zu begegnen.

Meine Überzeugung: Die bKV ist die Allzweck- und Wunderwaffe in der heutigen und künftigen Personalpolitik von Unternehmen.

Die bKV ist die REVOLUTION im *betrieblichen* **Gesundheitssystem!**

Notizen des Lesers

Literatur

StepStone (Hrsg.) (2018). StepStone Trendstudie 2016: Jobs nach Maß. http://www.stepstone.de/content/de/de/5/projects/trendstudie/resc/stepstone_trendstudie2016.pdf. Zugegriffen: 9. Januar 2019

Printed in the United States
By Bookmasters